O tempo adiado

Ingeborg Bachmann

O tempo adiado

e outros poemas

seleção, tradução e posfácio
Claudia Cavalcanti

todavia

Die gestundete Zeit (1953)
O tempo adiado 7
Die gestundete Zeit / O tempo adiado 8
Dunkles zu sagen / Dizer o obscuro 10
Holz und Späne / Madeira e lascas 12
Früher Mittag / Quase meio-dia 16
Alle Tage / Todos os dias 20
Botschaft / Mensagem 22
Die Brücken / As pontes 24
Nachtflug / Voo noturno 26
Psalm / Salmo 30
Im Gewitter der Rosen / Sob a tempestade de rosas 34

Anrufung des Großen Bären (1956)
Invocação da Ursa Maior 37
Anrufung des Großen Bären / Invocação da Ursa Maior 38
Mein Vogel / Meu pássaro 40
Curriculum Vitae / Curriculum Vitae 44
Nebelland / Terra nebulosa 52
Erklär mir, Liebe / Explica-me, Amor 56
Tage in Weiß / Dias de branco 60
Reklame / Reclame 64
Toter Hafen / Porto morto 66
Rede und Nachrede / Prólogo e epílogo 68
Das erstgeborene Land / A terra primogênita 72
Lieder von einer Insel / Canções de uma ilha 76
Schatten Rosen Schatten / Sombras rosas sombras 84
Römisches Nachtbild / Imagem de Roma à noite 86
Lieder auf der Flucht / Canções em fuga 88

Gedichte (1948-1953)
Poemas (1948-1953) 107
Hinter der Wand / Atrás da parede 108

Dem Abend gesagt / Dito para a noite 110
[Die Häfen waren geöffnet.] /
[Os portos estavam abertos.] 112

Gedichte (1957-1961)
Poemas (1957-1961) 115

[Verordnet diesem Geschlecht keinen Glauben,] /
[Não prescrevam a essa espécie uma crença,] 116
Hôtel de la Paix / Hôtel de la Paix 118
Exil / Exílio 120
Nach dieser Sintflut / Depois desse dilúvio 122
Geh, Gedanke / Vá, pensamento 124
Ihr Worte / Vocês, palavras 126

Gedichte (1964-1967)
Poemas (1964-1967) 131

Wahrlich / De verdade 132
Böhmen liegt am Meer / A Boêmia fica na beira do mar 134
Prag Jänner 64 / Praga janeiro 64 138
Eine Art Verlust / Uma espécie de perda 140
Enigma / Enigma 142
Keine Delikatessen / Sem delicadezas 144

Aus dem Nachlaß
Do espólio 149

Das Gedicht an den Leser — *Entwurf* /
O poema ao leitor — *Fragmento* 150

Ingeborgs
Claudia Cavalcanti 153

Referências bibliográficas 195
Agradecimentos 197
Índice de títulos e primeiros versos 201

Die gestundete Zeit (1953)

O tempo adiado

Die gestundete Zeit

Es kommen härtere Tage.
Die auf Widerruf gestundete Zeit
wird sichtbar am Horizont.
Bald mußt du den Schuh schnüren
und die Hunde zurückjagen in die Marschhöfe.
Denn die Eingeweide der Fische
sind kalt geworden im Wind.
Ärmlich brennt das Licht der Lupinen.
Dein Blick spurt im Nebel:
die auf Widerruf gestundete Zeit
wird sichtbar am Horizont.

Drüben versinkt dir die Geliebte im Sand,
er steigt um ihr wehendes Haar,
er fällt ihr ins Wort,
er befiehlt ihr zu schweigen,
er findet sie sterblich
und willig dem Abschied
nach jeder Umarmung.

Sieh dich nicht um.
Schnür deinen Schuh.
Jag die Hunde zurück.
Wirf die Fische ins Meer.
Lösch die Lupinen!

Es kommen härtere Tage.

O tempo adiado

Vêm aí dias piores.
O tempo adiado até nova ordem
surge no horizonte.
Em breve deves amarrar os sapatos
e espantar os cães para os charcos.
Pois as vísceras dos peixes
esfriaram no vento.
A luz da anileira arde pobremente.
Teu olhar pressente a penumbra:
o tempo adiado até nova ordem
desponta no horizonte.

Do outro lado afunda tua amada na areia,
lhe sobe pelo cabelo esvoaçante,
lhe corta a palavra,
lhe ordena silêncio,
lhe encontra mortal
e pronta para a despedida
depois de cada abraço.

Não olha para trás.
Amarra teus sapatos.
Espanta os cães.
Joga os peixes ao mar.
Anula a anileira!

Vêm aí dias piores.

Dunkles zu sagen

Wie Orpheus spiel ich
auf den Saiten des Lebens den Tod
und in die Schönheit der Erde
und deiner Augen, die den Himmel verwalten,
weiß ich nur Dunkles zu sagen.

Vergiß nicht, daß auch du, plötzlich,
an jenem Morgen, als dein Lager
noch naß war von Tau und die Nelke
an deinem Herzen schlief,
den dunklen Fluß sahst,
der an dir vorbeizog.

Die Saite des Schweigens
gespannt auf die Welle von Blut,
griff ich dein tönendes Herz.
Verwandelt ward deine Locke
ins Schattenhaar der Nacht,
der Finsternis schwarze Flocken
beschneiten dein Antlitz.

Und ich gehör dir nicht zu.
Beide klagen wir nun.

Aber wie Orpheus weiß ich
auf der Seite des Todes das Leben,
und mir blaut
dein für immer geschlossenes Aug.

Dizer o obscuro

Assim como Orfeu, toco
a morte nas cordas da vida
e ante a beleza do mundo
e de teus olhos, que comandam o céu,
só sei dizer o obscuro.

Não esqueças que tu também, de repente,
naquela manhã, teu leito
ainda úmido de orvalho e o cravo
dormindo perto de teu coração,
viste o rio obscuro
passar por ti.

A corda do silêncio
estendida sobre a onda de sangue,
agarrei teu coração soante.
Tua mecha se transformara
em sombrio cabelo da noite,
os flocos negros da escuridão
cobriram teu rosto com neve.

Mas não pertenço a ti.
Agora lamentamos os dois.

Mas assim como Orfeu conheço
a vida ao lado da morte,
e me parecem azuis
teus olhos fechados para sempre.

Holz und Späne

Von den Hornissen will ich schweigen,
denn sie sind leicht zu erkennen.
Auch die laufenden Revolutionen
sind nicht gefährlich.
Der Tod im Gefolge des Lärms
ist beschlossen von jeher.

Doch vor den Eintagsfliegen und den Frauen
nimm dich in acht, vor den Sonntagsjägern,
den Kosmetikern, den Unentschiedenen, Wohlmeinenden,
von keiner Verachtung getroffnen.

Aus den Wäldern trugen wir Reisig und Stämme,
und die Sonne ging uns lange nicht auf.
Berauscht vom Papier am Fließband,
erkenn ich die Zweige nicht wieder,
noch das Moos, in dunkleren Tinten gegoren,
noch das Wort, in die Rinden geschnitten,
wahr und vermessen.

Blätterverschleiß, Spruchbänder,
schwarze Plakate… Bei Tag und bei Nacht
bebt, unter diesen und jenen Sternen,
die Maschine des Glaubens. Aber ins Holz,
solang es noch grün ist, und mit der Galle,
solang sie noch bitter ist, bin ich
zu schreiben gewillt, was im Anfang war!

Seht zu, daß ihr wachbleibt!

Madeira e lascas

Não quero falar das vespas,
pois são fáceis de reconhecer.
Nem as revoluções correntes
são perigosas.
A morte na sequência do ruído
foi desde sempre decidida.

Preocupe-se, sim, com as efemérides
E as mulheres, com os caçadores de domingo,
os cosmetólogos, os indecisos, os bem-intencionados,
com os jamais atingidos pelo desdém.

Das florestas carregamos gravetos e troncos,
e o sol demorou a brilhar para nós.
Em êxtase com o papel na linha de montagem
não reconheço os galhos,
nem o musgo, fervido em tintas mais escuras,
nem a palavra, talhada em córtices,
real e atrevida.

Usura de folhas, letreiros,
cartazes negros... De dia e de noite
estremece, sob estas e outras estrelas,
a máquina da fé. Mas na madeira,
enquanto ainda está verde, e com a bílis,
enquanto ainda está amarga, sigo
disposta a escrever o que era no início!

Tratem de ficar acordados!

Der Spur der Späne, die flogen, folgt
der Hornissenschwarm, und am Brunnen
sträubt sich der Lockung,
die uns einst schwächte,
das Haar.

A marca das lascas que esvoaçaram avança
com o enxame de vespas, e na fonte
arrepiam-se face à tentação,
que primeiro nos enfraquecia,
os cabelos.

Früher Mittag

Still grünt die Linde im eröffneten Sommer,
weit aus den Städten gerückt, flirrt
der mattglänzende Tagmond. Schon ist Mittag,
schon regt sich im Brunnen der Strahl,
schon hebt sich unter den Scherben
des Märchenvogels geschundener Flügel,
und die vom Steinwurf entstellte Hand
sinkt ins erwachende Korn.

Wo Deutschlands Himmel die Erde schwärzt,
sucht sein enthaupteter Engel ein Grab für den Haß
und reicht dir die Schüssel des Herzens.

Eine Handvoll Schmerz verliert sich über den Hügel.

Sieben Jahre später
fällt es dir wieder ein,
am Brunnen vor dem Tore,
blick nicht zu tief hinein,
die Augen gehen dir über.

Sieben Jahre später,
in einem Totenhaus,
trinken die Henker von gestern
den goldenen Becher aus.
Die Augen täten dir sinken.

Schon ist Mittag, in der Asche
krümmt sich das Eisen, auf den Dorn
ist die Fahne gehißt, und auf den Felsen   ›

Quase meio-dia

A tília verdeja em silêncio no verão que se inaugura,
bem longe das cidades, vibra
a lua diurna de brilho opaco. Já é meio-dia,
já se move o jato na fonte,
já se eleva sob os cacos
a asa ferida da ave da fábula,
e a mão desfigurada pela pedra lançada
afunda no grão que desperta.

Onde o céu da Alemanha enegrece a terra
seu anjo decapitado busca um túmulo para o ódio
e te oferece o coração numa taça.

Um punhado de dor perde-se sobre a colina.

Sete anos mais tarde
lembra-te uma vez mais,
na fonte do portal,
não olha fundo demais,
os olhos passam sobre ti.

Sete anos mais tarde,
num abatedouro,
os carrascos de ontem bebem
toda taça de ouro.
Os olhos te fariam afundar.

Já é meio-dia, nas cinzas
verga-se o ferro, sobre o espinho
a bandeira foi içada, e no rochedo

›

uralten Traums bleibt fortan
der Adler geschmiedet.

Nur die Hoffnung kauert erblindet im Licht.

Lös ihr die Fessel, führ sie
die Halde herab, leg ihr
die Hand auf das Aug, daß sie
kein Schatten versengt!

Wo Deutschlands Erde den Himmel schwärzt,
sucht die Wolke nach Worten und füllt den Krater mit Schweigen,
eh sie der Sommer im schütteren Regen vernimmt.

Das Unsägliche geht, leise gesagt, übers Land:
schon ist Mittag.

de um sonho remoto permanece então
forjada a águia.

Somente a esperança ofuscada rasteja na luz.

Tira-lhe as amarras, leva-a
ladeira abaixo, põe
a mão sobre o olho, para que não a queime
sombra alguma!

Onde a terra da Alemanha enegrece o céu,
a nuvem busca palavras e enche a cratera com silêncio,
antes que o verão a perceba na chuva fina.

O indizível caminha, dito baixinho, sobre o campo:
já é meio-dia.

Alle Tage

Der Krieg wird nicht mehr erklärt,
sondern fortgesetzt. Das Unerhörte
ist Alltäglich geworden. Der Held
bleibt den Kämpfen fern. Der Schwache
ist in die Feuerzone gerückt.
Die Uniform des Tages ist die Geduld,
die Auszeichnung der armselige Stern
der Hoffnung über dem Herzen.

Er wird verliehen,
wenn nichts mehr geschieht,
wenn das Trommelfeuer verstummt,
wenn der Feind unsichtbar geworden ist
und der Schatten ewiger Rüstung
den Himmel bedeckt.

Er wird verliehen
für die Flucht von den Fahnen,
für die Tapferkeit vor dem Freund,
für den Verrat unwürdiger Geheimnisse
und die Nichtachtung
jeglichen Befehls.

Todos os dias

A guerra não é mais declarada,
mas mantida. O inaudito
tornou-se ordinário. O herói
fica longe das lutas. O fraco
é deslocado para as zonas de combate.
O uniforme do dia é a paciência,
a condecoração, a pobre estrela
da esperança sobre o coração.

Ela é entregue,
quando nada mais acontece,
quando o fogo cerrado emudece,
quando o inimigo se tornou invisível
e a sombra do eterno armamento
cobre o céu.

Ela é entregue
pela fuga diante das bandeiras
pela valentia diante do amigo,
pela traição de segredos indignos
e a não obediência
de toda ordem.

Botschaft

Aus der leichenwarmen Vorhalle des Himmels tritt die Sonne.
Es sind dort nicht die Unsterblichen,
sondern die Gefallenen, vernehmen wir.

Und Glanz kehrt sich nicht an Verwesung. Unsere Gottheit,
die Geschichte, hat uns ein Grab bestellt,
aus dem es keine Auferstehung gibt.

Mensagem

Do átrio celestial dos mortos recentes surge o sol.
Lá não estão os imortais,
mas os que tombaram, ouvimos dizer.

E brilho não se importa com decomposição. Nossa divindade,
a história, reservou-nos um túmulo,
de onde não há ressurreição.

Die Brücken

Straffer zieht der Wind das Band vor den Brücken.

An den Traversen zerrieb
der Himmel sein dunkelstes Blau.
Hüben und drüben wechseln
im Licht unsre Schatten.

Pont Mirabeau... Waterloobridge...
Wie ertragen's die Namen,
die Namenlosen zu tragen?

Von den Verlornen gerührt,
die der Glaube nicht trug,
erwachen die Trommeln im Fluß.

Einsam sind alle Brücken,
und der Ruhm ist ihnen gefährlich
wie uns, vermeinen wir doch,
die Schritte der Sterne
auf unserer Schulter zu spüren.
Doch übers Gefälle des Vergänglichen
wölbt uns kein Traum.

Besser ist's, im Auftrag der Ufer
zu leben, von einem zum andern,
und tagsüber zu wachen,
daß das Band der Berufene trennt.
Denn er erreicht die Schere der Sonne
im Nebel, und wenn sie ihn blendet,
umfängt ihn der Nebel im Fall.

As pontes

O vento estica ainda mais a corda diante das pontes.

Pelas travessas o céu
triturou seu mais escuro azul.
Aqui e ali nossas sombras
se alternam na luz.

Pont Mirabeau... Waterloo Bridge...
Como os nomes suportam
portar os anônimos?

Comovidos com os perdidos,
que a fé não tocou,
os tambores despertam no rio.

Todas as pontes são solitárias,
e a fama lhes é perigosa
como para nós, se supomos mesmo perceber
os passos das estrelas
acima de nossos ombros.
Mas sobre a ladeira do efêmero
sonho algum se curva por nós.

É melhor viver por conta
das margens, de uma para outra,
e durante o dia cuidar
que o convocado corte a corda.
Pois ele alcança a tesoura do sol
na névoa, ofuscado por ela,
abraça-o a névoa na queda.

Nachtflug

Unser Acker ist der Himmel,
im Schweiß der Motoren bestellt,
angesichts der Nacht,
unter Einsatz des Traums —

geträumt auf Schädelstätten und Scheiterhaufen,
unter dem Dach der Welt, dessen Ziegel
der Wind forttrug — und nun Regen, Regen, Regen
in unserem Haus und in den Mühlen
die blinden Flüge der Fledermäuse.
Wer wohnte dort? Wessen Hände waren rein?
Wer leuchtete in der Nacht,
Gespenst den Gespenstern?

Im Stahlgefieder geborgen, verhören
Instrumente den Raum, Kontrolluhren und Skalen
das Wolkengesträuch, und es streift die Liebe
unsres Herzens vergessene Sprache:
kurz und lang lang... Für eine Stunde
rührt Hagel die Trommel des Ohrs,
das, uns abgeneigt, lauscht und verwindet.

Nicht untergegangen sind Sonne und Erde,
nur als Gestirne gewandert und nicht zu erkennen.

Wir sind aufgestiegen von einem Hafen,
wo Wiederkehr nicht zählt
und nicht Fracht und nicht Fang.
Indiens Gewürze und Seiden aus Japan
gehören den Händlern
wie die Fische den Netzen.

Voo noturno

Nosso campo é o céu,
cultivado no suor dos motores,
perante a noite,
o sonho como recurso —

sonhado em calvários e fogueiras,
sob o teto do mundo, cuja telha
o vento levou — e agora chuva, chuva, chuva
em nossa casa e nos moinhos
os voos cegos dos morcegos.
Quem morava ali? As mãos de quem estavam limpas?
Quem luziu na noite,
fantasma dos fantasmas?

Na plumagem de aço, escondidos, instrumentos
interrogam o local, relógios e mostradores
o arbusto de nuvens, e o amor
toca a língua esquecida de nossos corações:
breve e longo longo... Por uma hora
granizo toca os tambores do ouvido,
que, avesso a nós, escuta e desaparece.

Não se puseram sol e terra,
somente caminhando como astros, irreconhecíveis.

Subimos de um porto,
onde retorno não conta
e nem carga e nem captura.
Temperos da Índia e sedas do Japão
são dos vendedores
como os peixes das redes.

Doch ein Geruch ist zu spüren,
vorlaufend den Kometen,
und das Gewebe der Luft,
von gefallnen Kometen zerrissen.
Nenn's den Status der Einsamen,
in dem sich das Staunen vollzieht.
Nichts weiter.

Wir sind aufgestiegen, und die Klöster sind leer,
seit wir dulden, ein Orden, der nicht heilt und nicht lehrt.
Zu handeln ist nicht Sache der Piloten. Sie haben
Stützpunkte im Aug und auf den Knien ausgebreitet
die Landkarte einer Welt, der nichts hinzuzufügen ist.

Wer lebt dort unten? Wer weint...
Wer verliert den Schlüssel zum Haus?
Wer findet sein Bett nicht, wer schläft
auf den Schwellen? Wer, wenn der Morgen kommt,
wagt's, den Silberstreifen zu deuten: seht, über mir...
Wenn das Wasser von neuem ins Mühlrad greift,
wer wagt's, sich der Nacht zu erinnern?

Mas pode-se sentir um cheiro,
precedendo cometas,
e a teia do ar,
rasgados por cometas cadentes.
Chama-o de status dos solitários,
no qual acontece o enlevo.
Nada além.

Subimos, e os mosteiros estão vazios,
desde que toleramos uma ordem que não cura nem educa.
Agir não é para pilotos. Eles têm
pontos de apoio em mira e sobre os joelhos estendido
o mapa de um mundo, ao qual nada se acrescenta.

Quem mora lá embaixo? Quem chora...
Quem perde a chave de casa?
Quem não encontra sua cama, quem dorme
nos umbrais? Quem, quando chega a manhã,
ousa interpretar os riscos de prata: vejam, sobre mim...
Quando a água volta a girar o moinho,
quem ousa lembrar-se da noite?

Psalm

1
Schweigt mit mir, wie alle Glocken schweigen!

In der Nachgeburt der Schrecken
sucht das Geschmeiß nach neuer Nahrung.
Zur Ansicht hängt karfreitags eine Hand
am Firmament, zwei Finger fehlen ihr,
sie kann nicht schwören, daß alles,
alles nicht gewesen sei und nichts
sein wird. Sie taucht ins Wolkenrot,
entrückt die neuen Mörder
und geht frei.

Nachts auf dieser Erde
in Fenster greifen, die Linnen zurückschlagen,
daß der Kranken Heimlichkeit bloßliegt,
ein Geschwür voll Nahrung, unendliche Schmerzen
für jeden Geschmack.

Die Metzger halten, behandschuht,
den Atem der Entblößten an,
der Mond in der Tür fällt zu Boden,
laß die Scherben liegen, den Henkel...

Alles war gerichtet für die letzte Ölung.
(Das Sakrament kann nicht vollzogen werden.)

2
Wie eitel alles ist.
Wälze eine Stadt heran,
erhebe dich aus dem Staub dieser Stadt,

Salmo

1
Façam silêncio comigo, como todos os sinos silenciam!

Na placenta dos horrores
a escória procura novo alimento.
Em exposição, às sextas santas uma mão pendurada
no firmamento; faltam-lhe dois dedos,
ela não pode jurar que tudo,
tudo não aconteceu e nada
vai acontecer. Ela mergulha no vermelho das nuvens,
bane os novos assassinos
e liberta-se.

À noite nessa terra
chegar às janelas, puxar os lençóis,
desvelando a intimidade dos doentes,
um abscesso bem nutrido, dores sem fim
e para todos os gostos.

Os açougueiros suspendem, enluvados,
a respiração dos esfolados,
a lua na porta cai no chão,
deixa lá os cacos, a asa...

Tudo estava pronto para a extrema-unção.
(O sacramento não pode consumar-se.)

2
Como tudo é vão!
Revolve uma cidade aqui,
ergue-te do pó dessa cidade,

übernimmt ein Amt
und verstelle dich,
um der Bloßstellung zu entgehen.

Löse die Versprechen ein
vor einem blinden Spiegel in der Luft,
vor einer verschlossenen Tür im Wind.

Unbegangen sind die Wege auf der Steilwand des Himmels.

3
O Augen, an dem Sonnenspeicher Erde verbrannt,
mit der Regenlast aller Augen beladen,
und jetzt versponnen, verwebt
von den tragischen Spinnen
der Gegenwart...

4
In die Mulde meiner Stummheit
leg ein Wort
und zieh Wälder groß zu beiden Seiten,
daß mein Mund
ganz im Schatten liegt.

assume uma função
e finge,
para fugir da exposição.

Cumpre as promessas
diante de um espelho cego no ar,
diante de uma porta fechada no vento.

Virgens são os caminhos pelas escarpas do céu.

3
Ah, olhos, queimados na terra, armazém do sol,
carregados com o peso da chuva de todos os olhos,
e agora enredados, tecidos
pela trágica teia
do tempo presente...

4
Deposita uma palavra
no vale de minha mudez
e ergue florestas nos dois lados,
para que minha boca
repouse à sombra.

Im Gewitter der Rosen

Wohin wir uns wenden im Gewitter der Rosen,
ist die Nacht von Dornen erhellt, und der Donner
des Laubs, das so leise war in den Büschen,
folgt uns jetzt auf dem Fuß.

Sob a tempestade de rosas

Seja lá aonde formos sob a tempestade de rosas,
a noite é iluminada por espinhos, e o estrondo
da folhagem, tão silente nos arbustos,
segue-nos agora de perto.

Anrufung des Großen Bären (1956)

Invocação da Ursa Maior

Anrufung des Großen Bären

Großer Bär, komm herab, zottige Nacht,
Wolkenpelztier mit den alten Augen,
Sternenaugen,
durch das Dickicht brechen schimmernd
deine Pfoten mit den Krallen,
Sternenkrallen,
wachsam halten wir die Herden,
doch gebannt von dir, und mißtrauen
deinen müden Flanken und den scharfen
halbentblößten Zähnen,
alter Bär.

Ein Zapfen: eure Welt.
Ihr: die Schuppen dran.
Ich treib sie, roll sie
von den Tannen im Anfang
zu den Tannen am Ende,
schnaub sie an, prüf sie im Maul
und pack zu mit den Tatzen.

Fürchtet euch oder fürchtet euch nicht!
Zahlt in den Klingelbeutel und gebt
dem blinden Mann ein gutes Wort,
daß er den Bären an der Leine hält.
Und würzt die Lämmer gut.

's könnt sein, daß dieser Bär
sich losreißt, nicht mehr droht
und alle Zapfen jagt, die von den Tannen
gefallen sind, den großen, geflügelten,
die aus dem Paradiese stürzten.

Invocação da Ursa Maior

Ursa Maior, desce, noite de lã,
animal com pele de nuvens e olhos de antanho,
olhos de estrelas,
da selva irrompem cintilando
tuas patas com as garras,
garras de estrelas,
vigiamos os rebanhos,
mas afastados de ti, e suspeitamos
de teus flancos cansados e dos afiados
dentes desfalcados,
velha Ursa.

Uma pinha: seu mundo.
Vocês: as escamas.
Eu as retiro, arrasto-as
dos pinheiros no início
para os pinheiros no fim,
bafejo-as, provo-as no focinho
e devoro-as com as patas.

Temam ou não temam!
Paguem na caixinha de contribuições e digam
algo de bom ao homem cego
para que segure a Ursa pela coleira.
E temperem bem os cordeiros.

Pode ser que essa Ursa
se desamarre, não mais ameace
e capture todas as pinhas, caídas
dos grandes pinheiros alados
expulsos do paraíso.

Mein Vogel

Was auch geschieht: die verheerte Welt
sinkt in die Dämmrung zurück,
einen Schlaftrunk halten ihr die Wälder bereit,
und vom Turm, den der Wächter verließ,
blicken ruhig und stet die Augen der Eule herab.

Was auch geschieht: du weißt deine Zeit,
mein Vogel, nimmst deinen Schleier
und fliegst durch den Nebel zu mir.

Wir äugen im Dunstkreis, den das Gelichter bewohnt.
Du folgst meinem Wink, stößt hinaus
und wirbelst Gefieder und Fell —

Mein eisgrauer Schultergenoß, meine Waffe,
mit jener Feder besteckt, meiner einzigen Waffe!
Mein einziger Schmuck: Schleier und Feder von dir.

Wenn auch im Nadeltanz unterm Baum
die Haut mir brennt
und der hüfthohe Strauch
mich mit würzigen Blättern versucht,
wenn meine Locke züngelt,
sich wiegt und nach Feuchte verzehrt,
stürzt mir der Sterne Schutt
doch genau auf das Haar.

Wenn ich vom Rauch behelmt
wieder weiß, was geschieht,
mein Vogel, mein Beistand des Nachts,
wenn ich befeuert bin in der Nacht,

Meu pássaro

Haja o que houver: o mundo devastado
afunda de volta ao ocaso,
as florestas lhe oferecem um sonífero,
e da torre, abandonada pelo guardião,
a coruja não para de olhar tranquilamente para baixo.

Haja o que houver: sabes tua hora,
meu pássaro, pega teu véu
e voa até mim pela névoa.

Espreitamos no círculo de vapor habitado pela canalha.
Percebes o meu aceno, te precipitas
e agitas plumagem e penas —

Meu encanecido companheiro de ombro, minha arma,
munido daquela pluma, minha única arma!
Meu único ornamento: véu e plumas de ti.

Mesmo quando na dança das agulhas sob a árvore
a pele me queima
e o arbusto que bate às minhas ancas
me tenta com folhas condimentadas,
quando meu cacho lambe,
se balança e cobiça umidade,
se atiram em mim escombros de estrelas
exatamente sobre os cabelos.

Quando protegida pelo fumo
volto a saber o que acontece,
meu pássaro, minha proteção noturna,
quando estou candente à noite,

›

knistert's im dunklen Bestand,
und ich schlage den Funken aus mir.

Wenn ich befeuert bleib wie ich bin
und vom Feuer geliebt,
bis das Harz aus den Stämmen tritt,
auf die Wunden träufelt und warm
die Erde verspinnt,
(und wenn du mein Herz auch ausraubst des Nachts,
mein Vogel auf Glauben und mein Vogel auf Treu!)
rückt jene Warte ins Licht,
die du, besänftigt,
in herrlicher Ruhe erfliegst —
was auch geschieht.

crepita na escuridão da floresta,
e afasto de mim a faísca.

Quando permaneço candente como sou
e amada pelo fogo,
até a resina escorrer dos troncos,
gotejar nas feridas e, quente,
fiar a terra
(e mesmo quando também roubas meu coração à noite,
meu pássaro fiel e meu pássaro de boa-fé!)
ilumina-se aquela guarita,
que tu, apaziguado,
sobrevoas com soberana calma —
haja o que houver.

Curriculum Vitae

Lang ist die Nacht,
lang für den Mann,
der nicht sterben kann, lang
unter Straßenlaternen schwankt
sein nacktes Aug und sein Aug
schnapsatemblind, und Geruch
von nassem Fleisch unter seinen Nägeln
betäubt ihn nicht immer, o Gott,
lang ist die Nacht.

Mein Haar wird nicht weiß,
denn ich kroch aus dem Schoß von Maschinen,
Rosenrot strich mir Teer auf die Stirn
und die Strähnen, man hatt' ihr
die schneeweiße Schwester erwürgt. Aber ich,
der Häuptling, schritt durch die Stadt
von zehnmalhunderttausend Seelen, und mein Fuß
trat auf die Seelenasseln unterm Lederhimmel, aus dem
zehnmalhunderttausend Friedenspfeifen
hingen, kalt. Engelsruhe
wünscht' ich mir oft
und Jagdgründe, voll
vom ohnmächtigen Geschrei
meiner Freunde.

Mit gespreizten Beinen und Flügeln,
binsenweis stieg die Jugend
über mich, über Jauche, über Jasmin ging's
in die riesigen Nächte mit dem Quadrat-
wurzelgeheimnis, es haucht die Sage
des Tods stündlich mein Fenster an,

›

Curriculum Vitae

Longa é a noite,
longa para o homem
que não pode morrer, longa
sob lampiões de rua hesita
seu olho nu e seu olho
cego de hálito de álcool, e odor
de carne úmida sob as unhas
não o entorpece sempre, oh, Deus,
longa é a noite.

Meus cabelos não embranquecem,
pois saí rastejando do ventre de máquinas,
Rosa Vermelha passou breu em minha testa
e nas mechas, estrangularam
sua irmã Branca Flor. Mas eu,
o chefe, avancei pela cidade
de dez-vezes-cem-mil almas, e meu pé
pisou nas almas escondidas sob céu de couro, onde
dez-vezes-cem-mil cachimbos da paz
pendiam, frios. Sempre desejei
paz angelical
e terrenos para a caça, cheios
do grito impotente
de meus amigos.

Com pernas e asas afastadas,
claramente a juventude saltou
sobre mim, sobre estrume, sobre jasmim se foi
para as imensas noites e seu mistério
de raízes quadradas, a lenda da morte sopra
na minha janela a cada hora,

Wolfsmilch gebt mir und schüttet
in meinen Rachen das Lachen
der Alten vor mir, wenn ich in Schlaf
fall über den Folianten
in den beschämenden Traum,
daß ich nicht taug für Gedanken,
mit Troddeln spiel,
aus denen Schlangen fransen.

Auch unsere Mütter haben
von der Zukunft ihrer Männer geträumt,
sie haben sie mächtig gesehen,
revolutionär und einsam,
doch nach der Andacht im Garten
über das flammende Unkraut gebeugt,
Hand in Hand mit dem geschwätzigen
Kind ihrer Liebe. Mein trauriger Vater,
warum habt ihr damals geschwiegen
und nicht weitergedacht?

Verloren in den Feuerfontänen,
in einer Nacht neben einem Geschütz,
das nicht feuert, verdammt lang
ist die Nacht, unter dem Auswurf
des gelbsüchtigen Monds, seinem galligen
Licht, fegt in der Machttraumspur
über mich (das halt ich nicht ab)
der Schlitten mit der verbrämten
Geschichte hinweg.
Nicht daß ich schlief: wach war ich,
zwischen Eisskeletten sucht' ich den Weg,
kam heim, wand mir Efeu
um Arm und Bein und weißte
mit Sonnenresten die Ruinen.

›

dai-me seiva e derramai
em minha garganta o gargalhar
dos velhos diante de mim, quando eu cair
no sono sobre as folhas,
no humilhante sonho
em que não sirvo para ideias,
brinco com borlas,
de onde pendem franjas de serpentes.

Nossas mães também sonharam
com o futuro de seus maridos,
viram-nos poderosos,
revolucionários e solitários,
mas depois da missa no jardim
curvados sobre a flamejante erva,
mãos dadas com o eloquente
filho de seu amor. Meu triste pai,
por que silenciaste naquele tempo
e não pensaste além?

Perdido nas fontes de fogo,
numa noite ao lado de uma artilharia
que não dispara, maldita e longa
é a noite, sob a deserção
da lua com icterícia, de sua luz
biliosa, sobre mim
no rastro do sonho de poder
passa enfurecido (e não posso impedir)
o trenó da História abrandada.
Não que eu dormisse: estava acordado,
entre esqueletos de gelo procurei o caminho,
cheguei em casa, passei hera
por braços e pernas e branqueei
com restos de sol as ruínas.

›

Ich hielt die hohen Feiertage,
und erst wenn es gelobt war,
brach ich das Brot.

In einer großspurigen Zeit
muß man rasch von einem Licht
ins andre gehen, von einem Land
ins andre, unterm Regenbogen,
die Zirkelspitze im Herzen,
zum Radius genommen die Nacht.
Weit offen. Von den Bergen
sieht man Seen, in den Seen
Berge, und im Wolkengestühl
schaukeln die Glocken
der einen Welt. Wessen Welt
zu wissen, ist mir verboten.

An einem Freitag geschah's
— ich fastete um mein Leben,
die Luft troff vom Saft der Zitronen
und die Gräte stak mir im Gaumen —
da löst' ich aus dem entfalteten Fisch
einen Ring, der, ausgeworfen
bei meiner Geburt, in den Strom
der Nacht fiel und versank.
Ich warf ihn zurück in die Nacht.

O hätt ich nicht Todesfurcht!
Hätt ich das Wort,
(verfehlt ich's nicht),
hätt ich nicht Disteln im Herz,
(schlüg ich die Sonne nicht aus),
hätt ich nicht Gier im Mund,
(tränk ich das wilde Wasser nicht),

Respeitei os grandes feriados,
e somente quando louvado,
parti o pão.

Em tempo arrogante
deve-se ir rápido de uma luz
a outra, de um país
a outro, sob o arco-íris,
a ponta do compasso no coração,
a noite tomada como raio.
Bem aberto. Das montanhas
veem-se lagos, nos lagos
montanhas, e na cadeia de nuvens
balançam os sinos
de um dos mundos. De qual mundo
se trata, proíbem-me saber.

Numa sexta-feira aconteceu
— jejuava pela minha vida,
o suco dos limões pingou no ar
e a espinha espetou meu palato —
ter desvencilhado do peixe limpo
um anel que, jogado fora
quando nasci, na corrente
da noite caiu e afundou.
Joguei-o de volta à noite.

Ah, se eu não temesse a morte!
Se tivesse a palavra
(não a perderia),
se não tivesse cardos no coração
(não renunciaria ao sol),
se não tivesse cobiça na boca
(não beberia a água selvagem),

›

schlüg ich die Wimper nicht auf,
(hätt ich die Schnur nicht gesehn).

Ziehn sie den Himmel fort?
Trüg mich die Erde nicht,
läg ich schon lange still,
läg ich schon lang,
wo die Nacht mich will,
eh sie die Nüstern bläht
und ihren Huf hebt
zu neuen Schlägen,
immer zum Schlag.
Immer die Nacht.
Und kein Tag.

se eu não abrisse as pestanas
(não teria visto o cordão).

Estão levando o céu?
Se a terra não me carregasse,
estaria deitada e quieta há muito,
deitada há muito
onde a noite me quer,
antes que ela infle as narinas
e levante suas tamancas
para novos golpes,
sempre os golpes.
Sempre a noite.
E nenhum dia.

Nebelland

Im Winter ist meine Geliebte
unter den Tieren des Waldes.
Daß ich vor Morgen zurückmuß,
weiß die Füchsin und lacht.
Wie die Wolken erzittern! Und mir
auf den Schneekragen fällt
eine Lage von brüchigem Eis.

Im Winter ist meine Geliebte
ein Baum unter Bäumen und lädt
die glückverlassenen Krähen
ein in ihr schönes Geäst. Sie weiß,
daß der Wind, wenn es dämmert,
ihr starres, mit Reif besetztes
Abendkleid hebt und mich heimjagt.

Im Winter ist meine Geliebte
unter den Fischen und Stumm.
Hörig den Wassern, die der Strich
ihrer Flossen von innen bewegt,
steh ich am Ufer und seh,
bis mich Schollen vertreiben,
wie sie taucht und sich wendet.

Und wieder vom Jagdruf des Vogels
getroffen, der seine Schwingen
über mir steift, stürz ich
auf offenem Feld: sie entfiedert
die Hühner und wirft mir ein weißes
Schlüsselbein zu. Ich nehm's um den Hals
und geh fort durch den bitteren Flaum.

Terra nebulosa

No inverno minha amada fica
entre os animais da floresta.
Que devo voltar antes do amanhecer,
a raposa sabe e ri.
Como estremecem as nuvens! E sobre
a minha gola de neve cai
uma camada de gelo quebradiço.

No inverno minha amada é
uma árvore entre árvores e convida
as gralhas abandonadas pela sorte
para a sua bela ramagem. Ela sabe
que o vento, quando anoitece,
levanta seu vestido de noite rijo,
coberto pela geada, e me manda para casa.

No inverno minha amada está
entre os peixes, calada.
Obediente às águas, que o fio
de suas barbatanas move por dentro,
fico à margem e a vejo
mergulhar e virar-se
até que pedaços de gelo me expulsam.

E de novo atingido pelo grito de caça
do pássaro, que estende
suas asas sobre mim, precipito-me
em campo aberto: ela depena
as galinhas e lança-me
um osso branco. Prendo-o em meu pescoço
e prossigo pela amarga penugem.

Treulos ist meine Geliebte,
ich weiß, sie schwebt manchmal
auf hohen Schuh'n nach der Stadt,
sie küßt in den Bars mit dem Strohhalm
die Gläser tief auf den Mund,
und es kommen ihr Worte für alle.
Doch diese Sprache verstehe ich nicht.

Nebelland hab ich gesehen,
Nebelherz hab ich gegessen.

Minha amada é infiel,
sei, ela às vezes paira
sobre saltos altos até a cidade,
nos bares beija os copos
na boca, profundamente, com o canudo
e encontra palavras para todos.
Mas essa língua eu não entendo.

Nebulosa terra eu vi.
Nebuloso coração comi.

Erklär mir, Liebe

Dein Hut lüftet sich leis, grüßt, schwebt im Wind,
dein unbedeckter Kopf hat's Wolken angetan,
dein Herz hat anderswo zu tun,
dein Mund verleibt sich neue Sprachen ein,
das Zittergras im Land nimmt überhand,
Sternblumen bläst der Sommer an und aus,
von Flocken blind erhebst du dein Gesicht,
du lachst und weinst und gehst an dir zugrund,
was soll dir noch geschehen —

Erklär mir, Liebe!

Der Pfau, in feierlichem Staunen, schlägt sein Rad,
die Taube stellt den Federkragen hoch,
vom Gurren überfüllt, dehnt sich die Luft,
der Entrich schreit, vom wilden Honig nimmt
das ganze Land, auch im gesetzten Park
hat jedes Beet ein goldner Staub umsäumt.

Der Fisch errötet, überholt den Schwarm
und stürzt durch Grotten ins Korallenbett.
Zur Silbersandmusik tanzt scheu der Skorpion.
Der Käfer riecht die Herrlichste von weit;
hätt ich nur seinen Sinn, ich fühlte auch,
daß Flügel unter ihrem Panzer schimmern,
und nähm den Weg zum fernen Erdbeerstrauch!

Erklär mir, Liebe!

Wasser weiß zu reden,
die Welle nimmt die Welle an der Hand,

Explica-me, Amor

Teu chapéu esvoaça um pouco, saúda, balança ao vento,
tua cabeça descoberta impressionou nuvens,
teu coração ocupa-se em outro lugar,
tua boca usurpa novas línguas,
a grama no campo vai crescendo,
violetas sopram e sugam o verão,
cego com os flocos, levantas teu rosto,
tu ris e choras e pereces em ti,
o que mais te acontecerá?

Explica-me, Amor!

O pavão, solenemente assustado, exibe a cauda,
a pomba ergue o peito,
plena de arrulhos, o ar se estende,
o pato grita, o campo todo toma
do mel selvagem, e também no sossegado parque
um pó dourado cercou cada canteiro.

O peixe avermelha-se, ultrapassa o cardume
e precipita-se por grutas ao leito de corais.
O tímido escorpião dança a música de areia prateada.
O besouro percebe de longe o sublime aroma;
se eu tivesse seu senso, também sentiria
que asas brilham sob sua couraça,
e tomaria o longo caminho até os pés de morangos!

Explica-me, Amor!

Água entende o verbo,
a vaga pega a vaga pela mão,

im Weinberg schwillt die Traube, springt und fällt.
So arglos tritt die Schnecke aus dem Haus!

Ein Stein weiß einen andern zu erweichen!

Erklär mir, Liebe, was ich nicht erklären kann:
sollt ich die kurze schauerliche Zeit
nur mit Gedanken Umgang haben und allein
nichts Liebes kennen und nichts Liebes tun?
Muß einer denken? Wird er nicht vermißt?

Du sagst: es zählt ein andrer Geist auf ihn...
Erklär mir nichts. Ich seh den Salamander
durch jedes Feuer gehen.
Kein Schauer jagt ihn, und es schmerzt ihn nichts.

no vinhedo a uva cresce, salta e cai.
Tão inocente o caracol sai da casa!

Uma pedra sabe amolecer outra!

Explica-me, Amor, o que não sei explicar:
deveria eu lidar com o breve assombroso tempo
só em pensamento e nada
conhecer do amor e nada fazer com amor?
É preciso que se pense? Ele não faz falta?

Dizes: um outro espírito conta com ele...
Não me expliques nada. Vejo a salamandra
mover-se pelo fogo.
Nenhum assombro vai capturá-la, e nada lhe causa dor.

Tage in Weiß

In diesen Tagen steh ich auf mit den Birken
und kämm mir das Weizenhaar aus der Stirn
vor einem Spiegel aus Eis.

Mit meinem Atem vermengt,
flockt die Milch.
So früh schäumt sie leicht.
Und wo ich die Scheibe behauch, erscheint,
von einem kindlichen Finger gemalt,
wieder dein Name: Unschuld!
Nach so langer Zeit.

In diesen Tagen schmerzt mich nicht,
daß ich vergessen kann
und mich erinnern muß.

Ich liebe. Bis zur Weißglut
lieb ich und danke mit englischen Grüßen.
Ich hab sie im Fluge erlernt.

In diesen Tagen denk ich des Albatros',
mit dem ich mich auf-
und herüberschwang
in ein unbeschriebenes Land.

Am Horizont ahne ich,
glanzvoll im Untergang,
meinen fabelhaften Kontinent ›

Dias de branco

Nestes dias levanto-me com as bétulas
e penteio-me afastando da testa os cabelos de trigo
diante do espelho de gelo.

Misturado com meu sopro,
o leite em flocos.
Ele espuma fácil, tão cedo.
E quando unto de ar o vidro, ressurge,
pintado por um dedo de criança,
teu nome: inocência!
Depois de tanto tempo.

Nestes dias não me dói
poder esquecer
e ter de lembrar.

Amo. Até o ardor branco
amo e agradeço com saudações inglesas.
Aprendi-as no voo.

Nestes dias penso no albatroz,
com quem subi
e sobrevoei
até uma terra vazia.

No horizonte pressinto,
brilhante no ocaso,
meu fabuloso continente

dort drüben, der mich entließ
im Totenhemd.

Ich lebe und höre von fern seinen Schwanengesang!

lá longe, que me dispensou
com mortalha.

Vivo e escuto de longe seu canto dos cisnes!

Reklame

Wohin aber gehen wir
ohne sorge sei ohne sorge
wenn es dunkel und wenn es kalt wird
sei ohne sorge
aber
mit musik
was sollen wir tun
heiter und mit musik
und denken
heiter
angesichts eines Endes
mit musik
und wohin tragen wir
am besten
unsre Fragen und den Schauer aller Jahre
in die Traumwäscherei ohne sorge sei ohne sorge
was aber geschieht
am besten
wenn Totenstille

eintritt

Reclame

Mas para onde iremos
don't worry, don't worry
quando escurecer e quando esfriar
don't worry
mas
com música
o que devemos fazer
alegres e com música
e pensar
alegres
tendo em vista um fim
com música
e para onde levamos
melhor
nossas perguntas e o horror de todos os anos
para a lavanderia dos sonhos don't worry don't worry
mas o que acontece
melhor
quando o silêncio de morte

irrompe

Toter Hafen

Feuchte Flaggen hängen an den Masten
in den Farben, die kein Land je trug,
und sie wehen für verschlammte Sterne
und den Mond, der grün im Mastkorb ruht.

Wasserwelt aus den Entdeckerzeiten!
Wellen überwuchern jeden Weg,
und von oben tropft das Licht aus Netzen
neuer Straßen, in die Luft verlegt.

Drunter blättern Wasser in den Bibeln,
und die Kompaßnadel steht auf Nacht.
Aus den Träumen wird das Gold gewaschen,
und dem Meer bleibt die Verlassenschaft.

Nicht ein Land, nicht eins blieb unbetreten!
Und zerrissen treibt das Seemannsgarn,
denn die tollen, lachenden Entdecker
fielen in den toten Wasserarm.

Porto morto

Bandeiras úmidas pendem dos mastros
nas cores que nenhum país teve
e flutuam para estrelas encharcadas
e para a lua, quieta na gávea, verde.

Mundo aquático dos descobridores!
Ondas cobrem todo caminho,
e de cima pinga a luz das redes
de estradas no ar, em desalinho.

Embaixo águas folheiam nas Bíblias,
e a bússola vai indicar a escuridão.
Lava-se ali o ouro dos sonhos,
e ao mar resta só a solidão.

Nenhum país, um único, restou intacto!
Avante o fio roto dos marujos, lá,
pois aos risos os loucos descobridores
caíram no braço morto do mar.

Rede und Nachrede

Komm nicht aus unsrem Mund,
Wort, das den Drachen sät.
's ist wahr, die Luft ist schwül,
vergoren und gesäuert schäumt das Licht,
und überm Sumpf hängt schwarz der Mückenflor.

Der Schierling bechert gern.
Ein Katzenfell liegt aus,
die Schlange faucht darauf,
der Skorpion tanzt an.

Dring nicht an unser Ohr,
Gerücht von andrer Schuld,
Wort, stirb im Sumpf,
aus dem der Tümpel quillt.

Wort, sei bei uns
von zärtlicher Geduld
und Ungeduld. Es muß die Säen
ein Ende nehmen!

Dem Tier beikommen wird nicht, wer den Tierlaut nachahmt.
Wer seines Betts Geheimnis preisgibt, verwirkt sich alle Liebe.
Des Wortes Bastard dient dem Witz, um einen Törichten zu opfern.

Wer wünscht von dir ein Urteil über diesen Fremden?
Und fällst du's unverlangt, geh du von Nacht zu Nacht
mit seinen Schwären an den Füßen weiter, geh! komm nicht wieder.

Wort, sei von uns,
freisinnig, deutlich, schön.

Prólogo e epílogo

Não vem de nossa boca,
palavra, esta que o dragão semeia.
Verdade, o ar está pesado,
a luz escuma fermentada e ácida,
e sobre o pântano paira negro o enxame de mosquitos.

A cicuta preza a bebida.
Um pelo felino se expõe,
a serpente sibila em cima,
o escorpião põe-se a dançar.

Não se aproxima de nosso ouvido,
rumor de outra culpa,
palavra, morre no pântano,
de onde a poça brota.

Palavra, tem conosco
terna paciência
e impaciência. Esse semear
precisa ter um fim!

Não competirá com o animal quem imitar seu grunhido.
Quem trai o segredo de sua cama perde todo direito ao amor.
A palavra do bastardo serve à troça para sacrificar um tolo.

Quem quer de ti um julgamento sobre esse estranho?
E se emitires um sem que te peçam, segue noite após noite
com suas úlceras a teus pés, segue! não volta.

Palavra, sê nossa,
tolerante, clara, bela.   ›

Gewiß muß es ein Ende nehmen,
sich vorzusehen.

(Der Krebs zieht sich zurück,
der Maulwurf schläft zu lang,
das weiche Wasser löst
den Kalk, der Steine spann.)

Komm, Gunst aus Laut und Hauch,
befestig diesen Mund,
wenn seine Schwachheit uns
entsetzt und hemmt.

Komm und versag dich nicht,
da wir im Streit mit soviel Übel stehen.
Eh Drachenblut den Widersacher schützt,
fällt diese Hand ins Feuer.
Mein Wort, errette mich!

É certo que deve ter um fim
a desconfiança.

(O caranguejo se recolhe,
a toupeira dorme demais,
a água doce dissolve
o calcário que tramou pedras.)

Vem, graça feita de som e sopro,
prende essa boca,
se sua fraqueza nos
choca e inibe.

Vem e não te prives,
posto que lutamos contra tantos males.
Antes que o sangue do dragão proteja o rival,
essa mão cairá no fogo.
Salva-me, palavra minha!

Das erstgeborene Land

In mein erstgeborenes Land, in den Süden
zog ich und fand, nackt und verarmt
und bis zum Gürtel im Meer,
Stadt und Kastell.

Vom Staub in den Schlaf getreten
lag ich im Licht,
und vom ionischen Salz belaubt
hing ein Baumskelett über mir.

Da fiel kein Traum herab.

Da blüht kein Rosmarin,
kein Vogel frischt
sein Lied in Quellen auf.

In meinem erstgeborenen Land, im Süden
sprang die Viper mich an
und das Grausen im Licht.

O schließ
die Augen schließ!
Preß den Mund auf den Biß!

Und als ich mich selber trank
und mein erstgeborenes Land
die Erdbeben wiegten,
war ich zum Schauen erwacht.

Da fiel mir Leben zu.

A terra primogênita

Para minha terra primogênita, para o sul
mudei-me e encontrei, nus e pobres
e até o quebra-mar,
cidade e castelo.

Levada ao sono pelo pó,
expunha-me à luz,
e coberto de sal iônico
pendia sobre mim um esqueleto de árvore.

De lá, nenhum sono tombou.

Lá, não floresce o alecrim,
nenhum pássaro refresca
seu canto em fontes.

Na minha terra primogênita, no sul
a víbora saltou sobre mim
e o horror na luz.

Oh, fecha
os olhos, fecha!
Aperta os lábios, estreita!

E quando bebi a mim mesma
e os terremotos ninavam
minha terra primogênita,
estava acordada para ver.

Lá, retomei a vida.

Da ist der Stein nicht tot.
Der Docht schnellt auf,
wenn ihn ein Blick entzündet.

Lá, a pedra não está morta.
O pavio se ergue
quando um olhar o inflama.

Lieder von einer Insel

Schattenfrüchte fallen von den Wänden,
Mondlicht tüncht das Haus, und Asche
erkalteter Krater trägt der Meerwind herein.

In den Umarmungen schöner Knaben
schlafen die Küsten,
dein Fleisch besinnt sich auf meins,
es war mir schon zugetan,
als sich die Schiffe
vom Land lösten und Kreuze
mit unsrer sterblichen Last
Mastendienst taten.

Nun sind die Richtstätter leer,
sie suchen und finden uns nicht.

———

Wenn du auferstehst,
wenn ich aufersteh,
ist kein Stein vor dem Tor,
liegt kein Boot auf dem Meer.

Morgen rollen die Fässer
sonntäglichen Wellen entgegen,
wir kommen auf gesalbten
Sohlen zum Strand, waschen
die Trauben und stampfen
die Ernte zu Wein,
morgen am Strand.

Canções de uma ilha

Frutos de sombra tombam dos muros,
luz do luar tinge a casa, e a brisa do mar
traz cinza de vulcões arrefecidos.

Nos abraços de belos rapazes
dormem as praias,
tua carne lembra-se da minha,
já me afeiçoava a ela
quando os navios
se soltaram da terra e cruzes
com nosso fardo mortal
subiram ao mastro.

Agora os cadafalsos estão vazios,
eles procuram e não nos acham.

———

Quando ressuscitares,
quando eu ressuscitar,
não haverá pedras diante do portão,
não haverá botes no mar.

Amanhã os barris rolarão
contra ondas dominicais,
iremos à praia
de pés ungidos, lavaremos
as uvas e pisaremos
a colheita para o vinho,
amanhã na praia.

Wenn du auferstehst,
wenn ich aufersteh,
hängt der Henker am Tor,
sinkt der Hammer ins Meer.

―――

Einmal muß das Fest ja kommen!
Heiliger Antonius, der du gelitten hast,
heiliger Leonhard, der du gelitten hast,
heiliger Vitus, der du gelitten hast.

Platz unsren Bitten, Platz den Betern,
Platz der Musik und der Freude!
Wir haben Einfalt gelernt,
wir singen im Chor der Zikaden,
wir essen und trinken,
die mageren Katzen
streichen um unseren Tisch,
bis die Abendmesse beginnt,
halt ich dich an der Hand
mit den Augen,
und ein ruhiges mutiges Herz
opfert dir seine Wünsche.

Honig und Nüsse den Kindern,
volle Netze den Fischern,
Fruchtbarkeit den Gärten,
Mond dem Vulkan, Mond dem Vulkan!

Unsre Funken setzten über die Grenzen,
über die Nacht schlugen Raketen
ein Rad, auf dunklen Flößen
entfernt sich die Prozession und räumt
der Vorwelt die Zeit ein,

Quando ressuscitares,
quando eu ressuscitar,
o carrasco estará pendurado no portão,
o machado afundado no mar.

———

Um dia há de ser o da festa!
Santo Antônio, tu que tanto sofreste,
São Leonardo, tu que tanto sofreste,
São Vito, tu que tanto sofreste.

Lugar de nossas orações, lugar dos que oram,
lugar da música e da alegria!
Aprendemos a simplicidade,
cantamos no coro das cigarras,
comemos e bebemos,
os gatos magros
roçam em torno de nossa mesa;
até começar a missa da tarde
seguro-te pela mão
com os olhos,
e um coração tranquilo e corajoso
oferece-te os seus desejos.

Mel e nozes às crianças,
redes cheias aos pescadores,
fertilidade aos jardins,
lua ao vulcão, lua ao vulcão!

Nossas faíscas ultrapassaram as fronteiras,
à noite foguetes formaram
uma roda, a procissão afasta-se
em jangadas sombrias e concede
o tempo ao pré-mundo,

›

den schleichenden Echsen,
der schlemmenden Pflanze,
dem fiebernden Fisch,
den Orgien des Winds und der Lust
des Bergs, wo ein frommer
Stern sich verirrt, ihm auf die Brust
schlägt und zerstäubt.

Jetzt seid standhaft, törichte Heilige,
sagt dem Festland, daß die Krater nicht ruhn!
Heiliger Rochus, der du gelitten hast,
o der du gelitten hast, heiliger Franz.

———

Wenn einer fortgeht, muß er den Hut
mit den Muscheln, die er sommerüber
gesammelt hat, ins Meer werfen
und fahren mit wehendem Haar,
er muß den Tisch, den er seiner Liebe
deckte, ins Meer stürzen,
er muß den Rest des Weins,
der im Glas blieb, ins Meer schütten,
er muß den Fischen sein Brot geben
und einen Tropfen Blut ins Meer mischen,
er muß sein Messer gut in die Wellen treiben
und seinen Schuh versenken,
Herz, Anker und Kreuz,
und fahren mit wehendem Haar!
Dann wird er wiederkommen.
Wann?
    Frag nicht.

———

aos lagartos rastejantes,
à planta regozijante,
ao peixe febril,
às orgias do vento e do desejo
da montanha, onde uma estrela
devota se perde, bate-lhe
no peito e vira pó.

Agora sejam constantes, santos insensatos,
digam à terra firme que as crateras não descansam!
São Roque, tu que tanto sofreste,
tu que tanto sofreste, São Francisco.

———

Quando alguém vai embora, tem de jogar
ao mar o chapéu com as conchas
recolhidas ao longo do verão,
e partir com os cabelos ao vento,
tem de lançar ao mar
a mesa posta para o seu amor,
tem de derramar no mar
o resto de vinho que ficou no copo,
tem de dar aos peixes seu pão
e misturar ao mar uma gota de sangue,
tem de enfiar bem sua faca nas ondas
e afundar seu sapato,
coração, âncora e cruz,
e partir com os cabelos ao vento!
Então ele retornará.
Quando?
    Não perguntes.

———

Es ist Feuer unter der Erde,
und das Feuer ist rein.

Es ist Feuer unter der Erde
und flüssiger Stein.

Es ist ein Strom unter der Erde,
der strömt in uns ein.

Es ist ein Strom unter der Erde,
der sengt das Gebein.

Es kommt ein großes Feuer,
es kommt ein Strom über die Erde.

Wir werden Zeugen sein.

Há fogo sob a terra,
e fogo é pureza.

Há fogo sob a terra,
e pedra que não pesa.

Há um fluxo sob a terra,
que em nós não retesa.

Há um fluxo sob a terra,
e nos ossos, leveza.

Vem aí um grande fogo,
vem aí um fluxo sobre a terra.

Testemunhas seremos, certeza.

Schatten Rosen Schatten

Unter einem fremden Himmel
Schatten Rosen
Schatten
auf einer fremden Erde
zwischen Rosen und Schatten
in einem fremden Wasser
mein Schatten

Sombras rosas sombras

Abaixo de um céu desconhecido
sombras rosas
sombras
acima de uma terra desconhecida
entre rosas e sombras
numa água desconhecida
minha sombra

Römisches Nachtbild

Wenn das Schaukelbrett die sieben Hügel
nach oben entführt, gleitet es auch,
von uns beschwert und umschlungen,
ins finstere Wasser,

taucht in den Flußschlamm, bis in unsrem Schoß
die Fische sich sammeln.
Ist die Reihe an uns,
stoßen wir ab.

Es sinken die Hügel,
wir steigen und teilen
jeden Fisch mit der Nacht.

Keiner springt ab.
So gewiß ist's, daß nur die Liebe
und einer den andern erhöht.

Imagem de Roma à noite

Quando o balanço eleva
as sete colinas, também desliza,
com nosso peso e abraço,
na água escura,

mergulha na lama do rio, até em nosso colo
os peixes se reunirem.
Quando é nossa vez,
nos lançamos.

Afundam as colinas,
subimos e partilhamos
cada peixe com a noite.

Nenhum salta.
É tanta a certeza, que só o amor
e um eleva o outro.

Lieder auf der Flucht

Dura legge d'Amor! ma, ben che obliqua,
Servar convensi; però ch'ella aggiunge
Di cielo in terra, universale, antiqua.

Petrarca, *I Trionfi*

I
Der Palmzweig bricht im Schnee,
die Stiegen stürzen ein,
die Stadt liegt steif und glänzt
im fremden Winterschein.

Die Kinder schreien und ziehn
den Hungerberg hinan,
sie essen vom weißen Mehl
und beten den Himmel an.

Der reiche Winterflitter,
das Mandarinengold,
treibt in den wilden Böen.
Die Blutorange rollt.

II
Ich aber liege allein
im Eisverhau voller Wunden.

Es hat mir der Schnee
noch nicht die Augen verbunden.

Die Toten, an mich gepreßt,
schweigen in allen Zungen.

Canções em fuga

Dura legge d'Amor! ma, ben che obliqua,
Servar convensi; però ch'ella aggiunge
Di cielo in terra, universale, antiqua.

Petrarca, *I Trionfi*

I
O galho se quebra na neve,
escadas a desabar,
a cidade, rígida e brilhante
no estranho inverno solar.

As crianças gritam, põem-se
a subir o morro da fome,
nutrem-se de farinha branca
e oram pelo Seu nome.

O rico fulgor invernal,
a tangerina dourada,
e as rajadas de vento.
Rola a fruta encarnada.

II
Mas quedo eu sozinha
ferida no amontoado de gelo.

A neve ainda não vedou
meus olhos com seu zelo.

Os mortos, colados em mim,
silenciam a todo apelo.

Niemand liebt mich und hat
für mich eine Lampe geschwungen!

III
Die Sporaden, die Inseln,
das schöne Stückwerk im Meer,
umschwommen von kalten Strömen,
neigen noch Früchte her.

Die weißen Retter, die Schiffe
— o einsame Segelhand! —
deuten, eh sie versinken,
zurück auf das Land.

IV
Kälte wie noch nie ist eingedrungen.
Fliegende Kommandos kamen über das Meer.
Mit allen Lichtern hat der Golf sich ergeben.
Die Stadt ist gefallen.

Ich bin unschuldig und gefangen
im unterworfenen Neapel,
wo der Winter
Posilip und Vomero an den Himmel stellt,
wo seine weißen Blitze aufräumen
unter den Liedern
und er seine heiseren Donner
ins Recht setzt.

Ich bin unschuldig, und bis Camaldoli
rühren die Pinien die Wolken;
und ohne Trost, denn die Palmen
schuppt sobald nicht der Regen;

Ninguém me ama nem me
acenou com luz e degelo!

III
As Espórades, as ilhas,
a mais bela obra no mar,
rodeadas de frias águas
e de frutas, seu manjar.

Os redentores brancos, navios
— ah, solitário remador! —
indicam, para não afundar,
que voltar é melhor.

IV
Um frio como nunca se alastrou.
Destacamentos aéreos chegaram pelo mar.
O golfo se rendeu com todas as luzes.
A cidade tombou.

Sou inocente e prisioneira
na subjugada Nápoles,
onde o inverno
leva ao céu Posílipo e Vomero,
onde seus raios brancos devastam
as canções
e ele faz valerem
seus roucos trovões.

Sou inocente, e até Camaldoli
os pinhos tocam as nuvens;
e sem consolo, que a chuva
não desfolha tão cedo as palmeiras;

ohne Hoffnung, denn ich soll nicht entkommen,
auch wenn der Fisch die Flossen schützend sträubt
und wenn am Winterstrand der Dunst,
von immer warmen Wellen aufgeworfen,
mir eine Mauer macht,
auch wenn die Wogen
fliehend
den Fliehenden
dem nächsten Ziel entheben.

V
Fort mit dem Schnee von der gewürzten Stadt!
Der Früchte Luft muß durch die Straßen gehen.
Streut die Korinthen aus,
die Feigen bringt, die Kapern!
Belebt den Sommer neu,
den Kreislauf neu,
Geburt, Blut, Kot und Auswurf,
Tod — hakt in die Striemen ein,
die Linien auferlegt
Gesichtern
mißtrauisch, faul und alt,
von Kalk umrissen und im Öl getränkt,
von Händeln schlau,
mit der Gefahr vertraut,
dem Zorn des Lavagotts,
dem Engel Rauch
und der verdammten Glut!

VI
Unterrichtet in der Liebe
durch zehntausend Bücher,
belehrt durch die Weitergabe

sem esperança, pois não devo escapar,
mesmo quando o peixe eriça as barbatanas como proteção
e quando na praia invernal o vapor,
sempre erguido por ondas quentes,
me ergue um muro,
mesmo quando as vagas
fugindo
liberam o fugitivo
do objetivo seguinte.

V
Basta de neve da cidade temperada!
O ar das frutas deve seguir pelas ruas.
Espalhem os corintos,
tragam os figos, as alcaparras!
Animem o verão de novo,
e o ciclo de novo,
nascimento, sangue, excremento e dejetos,
morte — cavem nos vincos,
linhas impostas
a rostos
desconfiados, preguiçosos e velhos,
rabiscados de cal e mergulhados no óleo,
astutos em querelas,
cientes do perigo,
da ira do deus da lava,
da fumaça do anjo
e da brasa maldita!

VI
Escolados no amor
por dez mil livros,
doutrinados pela transmissão ›

wenig veränderbarer Gesten
und törichter Schwüre —

eingeweiht in die Liebe
aber erst hier —
als die Lava herabfuhr
und ihr Hauch uns traf
am Fuß des Berges,
als zuletzt der erschöpfte Krater
den Schlüssel preisgab
für diese verschlossenen Körper —

Wir traten ein in verwunschene Räume
und leuchteten das Dunkel aus
mit den Fingerspitzen.

VII
Innen sind deine Augen Fenster
auf ein Land, in dem ich in Klarheit stehe.

Innen ist deine Brust ein Meer,
das mich auf den Grund zieht.
Innen ist deine Hüfte ein Landungsteg
für meine Schiffe, die heimkommen
von zu großen Fahrten.

Das Glück wirkt ein Silbertau,
an dem ich befestigt liege.

Innen ist dein Mund ein flaumiges Nest
für meine flügge werdende Zunge.
Innen ist dein Fleisch melonenlicht,
süß und genießbar ohne Ende.
Innen sind deine Adern ruhig

de gestos pouco mutáveis
e juramentos loucos —

iniciados no amor
mas só aqui —
quando a lava escorreu
e seu sopro nos encontrou
ao pé da montanha,
quando por fim exausta cratera
revelou a chave
desses corpos trancafiados —

Entramos em quartos enfeitiçados
e iluminamos o escuro
com as pontas dos dedos.

VII
Dentro teus olhos são janelas
para um lugar onde me encontro na claridade.

Dentro teu busto é um mar
que me puxa ao fundo.
Dentro tuas ancas, um ancoradouro
para meus navios que voltam
de viagens longas demais.

A felicidade produz um cordão prateado
ao qual estou preso.

Dentro tua boca é um ninho emplumado
para minha língua prestes a alçar voo.
Dentro tua carne é melancia vermelha
sempre doce e desfrutável.
Dentro tuas veias são calmas

›

und ganz mit dem Gold gefüllt,
das ich mit meinen Tränen wasche
und das mich einmal aufwiegen wird.

Du empfängst Titel, deine Arme umfangen Güter,
die an dich zuerst vergeben werden.

Innen sind deine Füße nie unterwegs,
sondern schon angekommen in meinen Samtlanden.
Innen sind deine Knochen helle Flöten,
aus denen ich Töne zaubern kann,
die auch den Tod bestricken werden...

VIII
... Erde, Meer und Himmel.
Von Küssen zerwühlt
die Erde,
das Meer und der Himmel.
Von meinen Worten umklammert
die Erde,
von meinem letzten Wort noch umklammert
das Meer und der Himmel!

Heimgesucht von meinen Lauten
diese Erde,
die schluchzend in meinen Zähnen
vor Anker ging
mit allen ihren Hochöfen, Türmen
und hochmütigen Gipfeln,

diese geschlagene Erde,
die vor mir ihre Schluchten entblößte,
ihre Steppen, Wüsten und Tundren,

e todas cheias de ouro,
que eu lavo com minhas lágrimas
e que um dia me compensará.

Tu recebes títulos, teus braços envolvem bens,
que serão dados a ti em primeiro lugar.

Dentro teus pés nunca estão a caminho,
mas já chegaram em minhas terras de veludo.
Dentro teus ossos são flautas claras,
das quais sei tirar sons encantados
que também cativarão a morte...

VIII
... terra, mar e céu.
Revolvidos em beijos
a terra,
o mar e o céu.
Envolvida por minhas palavras,
a terra,
ainda envolvidos por minha última palavra
o mar e o céu!

Castigada por meus sons
esta terra,
que soluçando em meus dentes
ancorou
com todos os seus altos-fornos, torres
e altivos cumes,

esta terra abatida,
que diante de mim desnudou seus barrancos,
suas estepes, desertos e tundras,

diese rastlose Erde
mit ihren zuckenden Magnetfeldern,
die sich hier selbst fesselte
mit ihr noch unbekannten Kraftketten,

diese betäubte und betäubende Erde
mit Nachtschattengewächsen,
bleiernen Giften
und Strömen von Duft —

untergegangen im Meer
und aufgegangen im Himmel
die Erde!

IX
Die schwarze Katze,
das Öl auf dem Boden,
der böse Blick:

Unglück!

Zieh das Korallenhorn,
häng die Hörner vors Haus,
Dunkel, kein Licht!

X
O Liebe, die unsre Schalen
aufbrach und fortwarf, unseren Schild,
den Wetterschutz und braunen Rost von Jahren!

O Leiden, die unsre Liebe austraten,
ihr feuchtes Feuer in den fühlenden Teilen!
Verqualmt, verendend im Qualm, geht die Flamme in sich.

esta terra sem descanso
com seus palpitantes campos magnéticos,
que prendeu a si mesma
com correntes de forças que ainda desconhece,

esta terra anestesiada e anestesiante
com mudas de erva-moura,
venenos de chumbo
e fluxos de aroma —

afundada no mar
e aflorada no céu
a terra!

IX
O gato preto,
o óleo sobre o chão,
o olhar mau:

Azar!

Tira o chifre de corais,
pendura os chifres diante da casa,
escuridão, nenhuma luz!

X
Oh, amor, que nossa couraça
Abriu e desprezou, nosso escudo, proteção
e ferrugem marrom que os anos traspassa!

Oh, dores, que pisaram em nosso amor,
seu fogo úmido onde se é vulnerável!
Enfumado, perecendo em fumo, volta para si o ardor.

XI
Du willst das Wetterleuchten, wirfst die Messer,
du trennst der Luft die warmen Adern auf;

dich blendend, springen aus den offnen Pulsen
lautlos die letzten Feuerwerke auf:

Wahnsinn, Verachtung, dann die Rache,
und schon die Reue und der Widerruf.

Du nimmst noch wahr, daß deine Klingen stumpfen,
und endlich fühlst du, wie die Liebe schließt:

mit ehrlichen Gewittern, reinem Atem.
Und sie verstößt dich in das Traumverlies.

Wo ihre goldnen Haare niederhängen,
greifst du nach ihr, der Leiter in das Nichts.

Tausend und eine Nacht hoch sind die Sprossen.
Der Schritt ins Leere ist der letzte Schritt.

Und wo du aufprallst, sind die alten Orte,
und jedem Ort gibst du drei Tropfen Blut.

Umnachtet hältst du wurzellose Locken.
Die Schelle läutet, und es ist genug.

XII
Mund, der in meinem Mund genächtigt hat,
Aug, das mein Aug bewachte,
Hand —

XI
Queres o corisco, jogas as facas,
desfazes as veias quentes do vazio;

ofuscando-te, dos punhos abertos saltam
silenciosos os últimos fogos de artifício:

loucura, desprezo, então a vingança,
e já o remorso e a revogação.

Ainda percebes tuas lâminas embotadas
e finalmente, como se encerra o amor, supões:

com tempestades sinceras, respiração pura.
E te empurra no calabouço do sonho.

Onde se penduram teus cabelos dourados,
tu a seguras, a escada para o vão.

Mil e uma noites acima estão as barras.
O passo para o nada é o passo final.

E onde colides são os velhos lugares,
e a cada lugar dás três gotas de sangue.

Demente, manténs cachos sem raízes.
A cascavel chocalha, e é o bastante.

XII
Boca que pernoitou na minha boca,
olho que vigiou meu olho,
mão —

und die mich schleiften, die Augen!
Mund, der das Urteil sprach,
Hand, die mich hinrichtete!

XIII
Die Sonne wärmt nicht, stimmlos ist das Meer.
Die Gräber, schneebverpackt, schnürt niemand auf.
Wird denn kein Kohlenbecken angefüllt
mit fester Glut? Doch Glut tut's nicht.

Erlöse mich! Ich kann nicht länger sterben.

Der Heilige hat anderes zu tun;
er sorgt sich um die Stadt und geht ums Brot.
Die Wäscheleine trägt so schwer am Tuch;
bald wird es fallen. Doch mich deckt's nicht zu.

Ich bin noch schuldig. Heb mich auf.
Ich bin nicht schuldig. Heb mich auf.

Das Eiskorn lös vom zugefrornen Aug,
brich mit den Blicken ein,
die blauen Gründe such,
schwimm, schau und tauch:

Ich bin es nicht.
Ich bin's.

XIV
Wart meinen Tod ab und dann hör mich wieder,
es kippt der Schneekorb, und das Wasser singt,
in die Toledo münden alle Töne, es taut,
ein Wohlklang schmilzt das Eis.
O großes Tauen!

e os olhos que me arrasaram!
Boca que pronunciou a sentença,
mão que me executou!

XIII
O sol não aquece, o mar não tem voz.
Os túmulos, empacotados pela neve, ninguém abre.
E nenhuma braseira será preenchida
com brasa sólida? Mas brasa não importa.

Salva-me! Não posso morrer por mais tempo.

O santo tem mais o que fazer;
ele cuida da cidade e procura o pão.
O pano pesa tanto na corda,
logo cairá. Mas não me cubro.

Sou ainda culpado. Ergue-me.
Não sou culpado. Ergue-me.

Solta o grão de gelo do olho congelado,
penetra com os olhares,
busca os fundos azuis,
nada, olha e mergulha:

Não sou eu.
Sou eu.

XIV
Espera minha morte e escuta-me novamente,
a cesta de neve vira-se, e a água canta,
todos os sons desembocam em Toledo, tudo degela,
um som harmonioso derrete os cristais.
Oh, grande degelo!

Erwart dir viel!

Silben im Oleander,
Wort im Akaziengrün,
Kaskaden aus der Wand.

Die Becken füllt,
hell und bewegt,
Musik.

XV
Die Liebe hat einen Triumph und der Tod hat einen,
die Zeit und die Zeit danach.
Wir haben keinen.

Nur Sinken um uns von Gestirnen. Abglanz und Schweigen.
Doch das Lied überm Staub danach
wird uns übersteigen.

Tens tanto a esperar!

Sílabas no oleandro,
palavra no verde das acácias,
cascatas fluem da parede.

Música,
clara e comovida,
enche as bacias.

XV
O amor tem um triunfo e a morte também,
o tempo e o tempo depois.
Nós não temos.

Somente o afundar de astros ao nosso redor. Reflexo e silêncio.
Mas a canção sobre o pó depois
nos ultrapassará.

Gedichte (1948-1953)

Poemas (1948-1953)

Hinter der Wand

Ich hänge als Schnee von den Zweigen
in den Frühling des Tals,
als kalte Quelle treibe ich im Wind,
feucht fall ich in die Blüten
als ein Tropfen,
um den sie faulen
wie um einen Sumpf.
Ich bin das Immerzu-ans-Sterben-Denken.

Ich fliege, denn ich kann nicht ruhig gehen,
durch aller Himmel sichere Gebäude
und stürze Pfeiler um und höhle Mauern.
Ich warne, denn ich kann des Nachts nicht schlafen,
die andern mit des Meeres fernem Rauschen.
Ich steige in den Mund der Wasserfälle,
und von den Bergen lös ich polterndes Geröll.

Ich bin der großen Weltangst Kind,
die in den Frieden und die Freude hängt
wie Glockenschläge in des Tages Schreiten
und wie die Sense in den reifen Acker.

Ich bin das Immerzu-ans-Sterben-Denken.

Atrás da parede

Pendo como neve dos galhos
na primavera do vale,
vagueio como fonte fria no vento,
úmida, tombo nas flores
como uma gota,
onde apodrecem
como num pântano.
Sou quem Sempre-Pensa-na-Morte.

Voo, pois não sei ir com calma,
por entre prédios firmes dos céus
e derrubo pilares e muros ocos.
Como não logro dormir à noite, aviso
aos outros com o murmurar do mar distante.
Subo na cabeceira das cachoeiras,
e das montanhas solto cascalho farfalhante.

Sou cria dessa grande angústia do mundo,
que pende na paz e na alegria
como badaladas no correr do dia
e como a foice no campo maduro.

Sou quem Sempre-Pensa-na-Morte.

Dem Abend gesagt

Meine Zweifel, bitter und ungestillt,
versickern in den Abendtiefen.
Müdigkeit singt an meinem Ohr.
Ich lausche...
Das war doch gestern schon!
Das kommt und geht doch wieder!

Die Schlafwege kenn ich bis ins süßeste Gefild.
Ich will dort nimmer gehen.
Noch weiß ich nicht, wo mir der dunkle See
die Qual vollendet.
Ein Spiegel soll dort liegen,
klar und dicht,
und will uns,
funkelnd vor Schmerz,
die Gründe zeigen.

Dito para a noite

Minhas dúvidas, amargas e insatisfeitas,
perdem-se nas profundezas da noite.
Cansaço canta em meu ouvido.
Escuto...
Isso já foi ontem!
Isso vem e já vai!

Conheço os caminhos do sono até a mais doce campina.
Lá não quero ir nunca.
Ainda não sei onde o escuro lago
ultimará meu tormento.
Um espelho há de haver lá,
claro e denso,
e quer,
cintilando de dor,
mostrar-nos o fundo de tudo.

Die Häfen waren geöffnet. Wir schifften uns ein,
die Segel voraus, den Traum über Bord,
Stahl an den Knien und Lachen um unsere Haare,
denn unsere Ruder trafen ins Meer, schneller als Gott.

Unsere Ruder schlugen die Schaufeln Gottes und teilten die Flut;
vorne war Tag, und hinten blieben die Nächte,
oben war unser Stern, und unten versanken die andern,
draußen verstummte der Sturm, und drinnen wuchs unsre Faust.

Erst als ein Regen entbrannte, lauschten wir wieder;
Speere stürzten herab und Engel traten hervor,
hefteten schwärzere Augen in unsere schwarzen.
Vernichtet standen wir da. Unser Wappen flog auf:

Ein Kreuz im Blut und ein größeres Schiff überm Herzen.

Os portos estavam abertos. Embarcamos,
velas à frente, o sonho a bordo,
aço pelos joelhos e riso em nossos cabelos,
pois nossos remos cortaram o mar, mais rápidos que Deus.

Nossos remos batiam as pás de Deus e repartiam as ondas;
adiante era dia, e para trás ficaram as noites,
acima nossa estrela, e abaixo iam a pique as outras,
fora emudecia a tormenta, e dentro crescia nosso punho.

Só quando uma chuva inflamou, tornamos a escutar;
lanças vieram abaixo e anjos se desvelaram,
fitando mais negros olhos em nossos negros.
Destruídos, estávamos lá. Nosso brasão levantou voo:

Uma cruz no sangue e um navio ainda maior sobre o coração.

Gedichte (1957-1961)

Poemas (1957-1961)

Verordnet diesem Geschlecht keinen Glauben,
genug sind Sterne, Schiffe und Rauch,
es legt sich in die Dinge, bestimmt
Sterne und die unendliche Zahl,
und ein Zug tritt, nenn ihn Zug einer Liebe,
reiner aus allem hervor.

Die Himmel hängen welk und Sterne lösen
sich aus der Verknüpfung mit Mond und Nacht.

Não prescrevam a essa espécie uma crença,
bastam as estrelas, navios e fumaça,
ela se estende nas coisas, determina
estrelas e o número infinito,
e um traço, chama-o traço de um amor,
surge mais puro de tudo.

Os céus pendem murchos e estrelas se
soltam da ligação com lua e noite.

Hôtel de la Paix

Die Rosenlast stürzt lautlos von den Wänden,
und durch den Teppich scheinen Grund und Boden.
Das Lichtherz bricht der Lampe.
Dunkel. Schritte.
Der Riegel hat sich vor den Tod geschoben.

Hôtel de la Paix

O fardo de rosas desmorona silente das paredes,
e pelo tapete brilham terra e chão.
Da lâmpada o coração-luz se rompe.
Escuridão. Passos.
O trinco se fechou diante da morte.

Exil

Ein Toter bin ich der wandelt
gemeldet nirgends mehr
unbekannt im Reich des Präfekten
überzählig in den goldenen Städten
und im grünenden Land

abgetan lange schon
und mit nichts bedacht

Nur mit Wind mit Zeit und mit Klang

der ich unter Menschen nicht leben kann

Ich mit der deutschen Sprache
dieser Wolke um mich
die ich halte als Haus
treibe durch alle Sprachen

O wie sie sich verfinstert
die dunklen die Regentöne
nur die wenigen fallen

In hellere Zonen trägt dann sie den Toten hinauf

Exílio

Sou um morto que caminha
anunciado em lugar algum
desconhecido no reino municipal
excedente nas cidades douradas
e em terra verdejante

desprezado já há muito
e com nada contemplado

Só com vento com tempo e com som

eu, que não posso viver entre pessoas

Eu com a língua alemã
com essa nuvem à minha volta
que considero casa
vago por todas as línguas

Oh, como ela se obscurece
os sons da chuva os sombrios
só poucos caem

Em zonas mais claras ela carrega então o morto para o alto

Nach dieser Sintflut

Nach dieser Sintflut
möchte ich die Taube,
und nichts als die Taube,
noch einmal gerettet sehn.

Ich ginge ja unter in diesem Meer!
flög' sie nicht aus,
brächte sie nicht
in letzter Stunde das Blatt.

Depois desse dilúvio

Depois desse dilúvio
queria ver a pomba,
e nada além da pomba
mais uma vez salva.

Eu até naufragaria nesse mar!
Se ela não levantasse voo,
se ela não trouxesse
na última hora a folha.

Geh, Gedanke

Geh, Gedanke, solang ein zum Flug klares Wort
dein Flügel ist, dich aufhebt und dorthin geht,
wo die leichten Metalle sich wiegen,
wo die Luft schneidend ist
in einem neuen Verstand,
wo Waffen sprechen
von einziger Art,
Verficht uns dort!

Die Woge trug ein Treibholz hoch und sinkt.
Das Fieber riß dich an sich, läßt dich fallen.
Der Glaube hat nur einen Berg versetzt.

Laß stehn, was steht, geh, Gedanke!,

von nichts andrem als unsrem Schmerz durchdrungen.
Entsprich uns ganz!

Vá, pensamento

Vá, pensamento, enquanto uma palavra clara pronta para o voo
é tua asa, te ergue e vai para
onde os metais leves se embalam,
onde o vento é cortante
em um novo entendimento,
onde armas falam
de forma única.
Defende-nos lá!

A onda levantou uma madeira à deriva e afunda.
A febre puxa-te para si, deixa que caias.
A fé moveu uma montanha apenas.

Deixa estar o que está, vá, pensamento!,

imposto por nada além de nossa dor.
Representa-nos em tudo!

Ihr Worte

*Für Nelly Sachs, die Freundin,
die Dichterin, in Verehrung*

Ihr Worte, auf, mir nach!,
und sind wir auch schon weiter,
zu weit gegangen, geht's noch einmal
weiter, zu keinem Ende geht's.

Es hellt nicht auf.

Das Wort
wird doch nur
andre Worte nach sich ziehn,
Satz den Satz.
So möchte Welt,
endgültig,
sich aufdrängen,
schon gesagt sein.
Sagt sie nicht.

Worte, mir nach,
daß nicht endgültig wird
— nicht diese Wortbegier
und Spruch auf Widerspruch!

Laßt eine Weile jetzt
keins der Gefühle sprechen,
den Muskel Herz
sich anders üben.

Laßt, sag ich, laßt.

Vocês, palavras

> Para Nelly Sachs, a amiga,
> a poeta, com veneração

Vocês, palavras, levantem, sigam-me!,
e quando já tivermos ido mais longe,
longe demais, iremos ainda
mais longe, isso não tem fim.

Não há luz à vista.

A palavra
tão somente
atrairá para si outras palavras,
a frase outra frase.
Assim o mundo gostaria,
definitivamente,
de se impor,
de já ser dito.
Não o digam.

Palavras, sigam-me,
que não seja definitivo
— não essa avidez de palavras
nem dicção após contradição!

Não deixem por um momento falar agora
nenhum dos sentimentos,
Façam com que o músculo coração
treine outra coisa.

Façam, digo, façam.

Ins höchste Ohr nicht,
nichts, sag ich, geflüstert,
zum Tod fall dir nichts ein,
laß, und mir nach, nicht mild
noch bitterlich,
nicht trostreich,
ohne Trost
bezeichnend nicht,
so auch nicht zeichenlos —

Und nur nicht dies: das Bild
im Staubgespinst, leeres Geroll
von Silben, Sterbenswörter.

Kein Sterbenswort,
Ihr Worte!

Que ao mais supremo ouvido,
nada, digo, se sussurre,
sobre a morte que nada lhe ocorra,
deixe, e siga-me, sem doçura
nem amargura,
sem compaixão,
nem consolo
não sinalizando,
e também não sem sinais —

E somente isto não: a imagem
na teia de poeira, cascalho oco
de sílabas, palavras de morte.

Nenhuma palavra de morte,
vocês, palavras!

Gedichte (1964-1967)

Poemas (1964-1967)

Wahrlich

Für Anna Akhmátova

Wem ein Wort nie verschlagen hat,
und ich sage es euch,
wer bloß sich zu helfen weiß
und mit den Worten —

dem ist nicht zu helfen.
Über den kurzen Weg nicht
und nicht über den langen.

Einen einzigen Satz haltbar zu machen,
auszuhalten in dem Bimbam von Worten.

Es schreibt diesen Satz keiner,
der nicht unterschreibt.

De verdade

Para Anna Akhmátova

Quem nunca se abateu pela palavra,
e digo-lhes,
quem só sabe cuidar de si
e com as palavras —

desse não há como cuidar.
Pelo caminho curto não,
e não pelo longo.

Tornar sustentável uma única frase,
resistir no assombro de palavras.

Esta frase não escreve aquele
que não a assina.

Böhmen liegt am Meer

Sind hierorts Häuser grün, tret ich noch in ein Haus.
Sind hier die Brücken heil, geh ich auf gutem Grund.
Ist Liebesmüh in alle Zeit verloren, verlier ich sie hier gern.

Bin ich's nicht, ist es einer, der ist so gut wie ich.

Grenzt hier ein Wort an mich, so laß ich's grenzen.
Liegt Böhmen noch am Meer, glaub ich den Meeren wieder.
Und glaub ich noch ans Meer, so hoffe ich auf Land.

Bin ich's, so ist's ein jeder, der ist soviel wie ich.
Ich will nichts mehr für mich. Ich will zugrunde gehn.

Zugrund — das heißt zum Meer, dort find ich Böhmen wieder.
Zugrund gerichtet, wach ich ruhig auf.
Von Grund auf weiß ich jetzt, und ich bin unverloren.

Kommt her, ihr Böhmen alle, Seefahrer, Hafenhuren und Schiffe
unverankert. Wollt ihr nicht böhmisch sein, Illyrer, Veroneser,
und Venezianer alle. Spielt die Komödien, die lachen machen

Und die zum Weinen sind. Und irrt euch hundertmal,
wie ich mich irrte und Proben nie bestand,
doch hab ich sie bestanden, ein um das andre Mal.

Wie Böhmen sie bestand und eines schönen Tags
ans Meer begnadigt wurde und jetzt am Wasser liegt.

A Boêmia fica na beira do mar

Se por aqui casas são verdes, ainda adentro uma casa.
Se aqui as pontes estão inteiras, sigo por um bom motivo.
Se o esforço do amor está para sempre perdido, que seja vão aqui.

Se não sou eu, é alguém tão bom quanto eu.

Se aqui uma palavra se encosta, deixo que se encoste.
Se a Boêmia ainda fica ao mar, volto a crer em mares.
E se ainda creio no mar, então creio na terra.

Se sou, então cada um é tanto quanto eu.
Não quero nada mais para mim. Quero ir ao fundo.

Ao fundo — quer dizer, ao mar, é lá que reencontro a Boêmia.
Indo ao fundo, desperto tranquilamente.
No fundo agora sei, e estou imperdido.

Venham cá, boêmios todos, navegadores, putas dos portos e navios
não ancorados. Não querem ser boêmios, ilírios, veronenses
e venezianos todos? Representem as comédias que fazem rir

E que são de chorar. E errem cem vezes,
como errei e nunca passei por provas,
sim, passei, cada vez novamente.

Como a Boêmia também passou e um belo dia,
perdoada, foi ao mar e agora beira a água.

Ich grenz noch an ein Wort und an ein andres Land,
ich grenz, wie wenig auch an alles immer mehr,

ein Böhme, ein Vagant, der nichts hat, den nichts hält,
begabt nur noch, vom Meer, das strittig ist, Land meiner
[Wahl zu sehen.

Encosto-me ainda numa palavra e noutro país,
encosto-me, mesmo que tão pouco, a tudo cada vez mais,

um boêmio, um nômade, que nada tem e ninguém detém
se presta só pra ver, do mar que se desdiz, país que eu
[escolher.

Prag Jänner 64

Seit jener Nacht
gehe und spreche ich wieder,
böhmisch klingt es,
als wär ich wieder zuhause,

wo zwischen der Moldau, der Donau
und meinem Kindheitsfluß
alles einen Begriff von mir hat.

Gehen, schrittweis ist es wiedergekommen,
Sehen, angeblickt, habe ich wieder erlernt.

Gebückt noch, blinzelnd,
hing ich am Fenster,
sah die Schattenjahre,
in denen kein Stern
mir in den Mund hing,
sich über den Hügel entfernen.

Über den Hradschin
haben um sechs Uhr morgens
die Schneeschaufler aus der Tatra
mit ihren rissigen Pranken
die Scherben dieser Eisdecke gekehrt.

Unter den berstenden Blöcken
meines, auch meines Flusses
kam das befreite Wasser hervor.

Zu hören bis zum Ural.

Praga janeiro 64

Desde aquela noite
volto a ir e falar,
soa boêmio,
como se eu estivesse de novo em casa,

onde entre o Moldávia, o Danúbio
e o rio de minha infância
tudo tem a ver comigo.

Andar, passo a passo, sei novamente,
Olhar, sendo observada, isso voltei a aprender.

Curvada ainda, piscando,
debruçada à janela,
vi os anos sombrios,
nos quais nenhuma estrela
se debruçou na minha boca,
se afastarem sobre os montes.

Sobre o Hradchin
às seis da manhã
homens das montanhas Tatra varreram
com seus ancinhos rachados
os cacos dessa crosta de gelo.

Sob os blocos crepitantes
de meu rio, de meu rio também
jorrou a água libertada.

Ouviu-se até no Ural.

Eine Art Verlust

Gemeinsam benutzt: Jahreszeiten, Bücher und eine Musik.
Die Schlüssel, die Teeschalen, den Brotkorb, Leintücher und
[ein Bett.
Eine Aussteuer von Worten, von Gesten, mitgebracht, verwendet,
[verbraucht.
Eine Hausordnung beachtet. Gesagt. Getan. Und immer die
[Hand gereicht.

In Winter, in ein Wiener Septett und in Sommer habe ich mich
[verliebt.
In Landkarten, in ein Bergnest, in einen Strand und in ein
[Bett.
Einen Kult getrieben mit Daten, Versprechen für unkündbar erklärt,
angehimmelt ein Etwas und fromm gewesen vor einem Nichts,

(— der gefalteten Zeitung, der kalten Asche, dem Zettel mit
[einer Notiz)
furchtlos in der Religion, denn die Kirche war dieses Bett.

Aus dem Seeblick hervor ging meine unerschöpfliche Malerei.
Von dem Balkon herab waren die Völker, meine Nachbarn, zu grüßen.
Am Kaminfeuer, in der Sicherheit, hatte mein Haar seine
[äußerste Farbe.
Das Klingeln an der Tür war der Alarm für meine Freude.

Nicht dich habe ich verloren,
sondern die Welt.

Uma espécie de perda

De uso comum: estações do ano, livros e certa música.
As chaves, as xícaras de chá, a cesta de pão, lençóis de linho
[e uma cama.
Um enxoval de palavras, de gestos, trazidos, utilizados,
[gastos.
Uma ordem doméstica respeitada. Dito. Feito. E sempre a
[mão estendida.

Apaixonei-me por invernos, por um septeto vienense e por
[verões.
Por mapas, por um canto na montanha, por uma praia e por
[uma cama.
Mantive um culto a datas, declarei promessas irrevogáveis,
idolatrei um Algo e fui devota de um Nada,

(— do jornal dobrado, das cinzas frias, do papel com uma
[anotação)
sem temer a religião, pois a igreja era essa cama.

Minha inesgotável pintura surgiu de olhar o mar.
Da varanda devia saudar os povos, meus vizinhos.
Ao fogo da lareira, em segurança, meus cabelos tinham sua
[cor mais intensa.
A campainha da porta era o alarme para minha alegria.

Não foste tu que perdi,
mas o mundo.

Enigma

                    Für Hans Werner Henze
                    aus der Zeit der *Ariosi*

Nichts mehr wird kommen.

Frühling wird nicht mehr werden.
Tausendjährige Kalender sagen es jedem voraus.

Aber auch Sommer und weiterhin, was so gute Namen
wie "sommerlich" hat —
es wird nichts mehr kommen.

Du sollst ja nicht weinen,
sagt eine Musik.

Sonst
sagt
niemand
etwas.

Enigma

> Para Hans Werner Henze
> da época dos *Ariosi*

Nada mais vai chegar.

A primavera não virá mais.
Assim nos antecipam calendários milenares.

Mas também o verão — e tudo o que tem nomes tão bons
quanto "veraneio" —
nada mais vai chegar.

E não hás de chorar por isso,
diz a música.

Nada
mais
foi
dito.

Keine Delikatessen

Nichts mehr gefällt mir.

Soll ich
eine Metapher ausstaffieren
mit einer Mandelblüte?
die Syntax kreuzigen
auf einen Lichteffekt?
Wer wird sich den Schädel zerbrechen
über so überflüssige Dinge —

Ich habe ein Einsehn gelernt
mit den Worten,
die da sind
(für die unterste Klasse)

Hunger
        Schande
                Tränen
und
                      Finsternis.

Mit dem ungereinigten Schluchzen,
mit der Verzweiflung
(und ich verzweifle noch vor Verzweiflung)
über das viele Elend,
den Krankenstand, die Lebenskosten,
werde ich auskommen.

Ich vernachlässige nicht die Schrift,
sondern mich.
Die andern wissen sich

›

Sem delicadezas

Nada mais me agrada.

Devo
guarnecer uma metáfora
com uma flor de amêndoa?
crucificar a sintaxe
sobre um efeito de luz?
Quem despedaçará o crânio
por coisas tão superficiais —

Aprendi a levar em consideração
as palavras
que lá estão
(para a classe mais baixa)

fome
      vergonha
           lágrimas
e
               escuridão.

Saberei lidar
com o soluço impuro,
com o desespero
(e ainda me desespero de desespero)
com a muita miséria,
o estado dos doentes, o custo de vida.

Não desprezo a escrita,
mas a mim.
Os outros sabem

weißgott
mit den Worten zu helfen.
Ich bin nicht mein Assistent.

Soll ich
einen Gedanken gefangennehmen,
abführen in eine erleuchtete Satzzelle?
Aug und Ohr verköstigen
mit Worthappen erster Güte?
erforschen die Libido eines Vokals,
ermitteln die Liebhaberwerte unserer Konsonanten?

Muß ich
mit dem verhagelten Kopf,
mit dem Schreibkrampf in dieser Hand,
unter dreihundertnächtigem Druck
einreißen das Papier,
wegfegen die angezettelten Wortopern,
vernichtend so: ich du und er sie es

wir ihr?

(Soll doch. Sollen die andern.)

Mein Teil, es soll verloren gehen.

sabe Deus
se entender com as palavras.
Não sou meu assistente.

Devo
aprisionar uma ideia,
conduzi-la até uma célula iluminada da frase?
alimentar olho e ouvido
com bocados de palavras da melhor qualidade?
analisar a libido de uma vogal,
investigar o valor erótico de nossas consoantes?

Tenho que
com a cabeça destruída por granizo,
com a cãibra por escrever com esta mão,
sob a pressão da tricentésima noite,
rasgar o papel,
varrer as tramas de palavras operísticas,
destruindo assim: eu tu e ele ela isso

nós vós?

(Devo, sim. Devem os outros.)

Minha parte, que se perca.

Aus dem Nachlaß

Do espólio

Das Gedicht an den Leser

Entwurf

Was hat uns voneinander entfernt? Seh ich mich in dem Spiegel und frage, so seh ich mich verkehrt, eine einsame Schrift und begreife mich selbst nicht mehr. In dieser großen Kälte sollten wir uns kalt voneinander abgewandt haben, trotz der unstillbaren Liebe zueinander? Ich warf dir wohl rauchende Worte hin, verbrannte, mit bösem Geschmack, schneidende Sätze oder stumpfe, ohne Glanz. Als wollt ich dein Elend vergrößern und dich mit meinem Verstand ausweisen aus meinen Landen. Du kamst ja so vertraulich, manchmal plump, nach einem schönfärbenden Wort verlangend; auch getröstet wolltest du sein, und ich wußte keinen Trost für dich. Auch Tiefsinn ist nicht mein Amt.

Aber eine unstillbare Liebe zu dir hat mich nie verlassen, und ich suche jetzt unter Trümmern und in den Lüften, im Eiswind und in der Sonne die Worte für dich, die mich wieder in deine Arme werfen sollen. Denn ich vergehe nach dir.

Ich bin kein Gespinst, nicht vom Stoff, der deine Nacktheit bedecken könnte, aber von dem Schmelz aller Stoffe gemacht, und ich will in deinen Sinnen und in deinem Geist aufspringen wie die Goldadern in der Erde, und durchleuchten und durchschimmern will ich dich, wenn der schwarze Brand, deine Sterblichkeit, in dir ausbricht.

Ich weiß nicht, was du willst von mir. Zu dem Gesang, mit dem du ausziehen könntest, um eine Schlacht zu gewinnen, taug ich nicht. Vor Altären ziehe ich mich zurück. Ich bin der Vermittler nicht. Alle deine Geschäfte lassen mich kalt. Aber du nicht. Nur du nicht.

Du bist mein Ein und mein Alles. Was möcht ich nicht alles sein vor Dir! Nachgehen möcht ich dir, wenn du tot bist, mich umdrehen nach dir, auch wenn mir Versteinerung droht, erklingen möcht ich, das verbleibende Getier [?] zu Tränen rühren und den Stein zum Blühen bringen, den Duft aus jedem Geäst [?] ziehen.

O poema ao leitor

Fragmento

O que nos distanciou? Se me olho no espelho e pergunto, então me olho invertido, uma escrita solitária e nem mesmo me compreendo mais. Neste frio intenso deveríamos ter nos desviado friamente um do outro, apesar do amor insaciável um pelo outro? Lancei-te palavras fumantes, queimadas, com gosto ruim, frases cortantes ou abafadas, sem brilho. Como se quisesse aumentar tua miséria e te expulsar de minhas terras com minha razão. Vieste com tanta confiança, às vezes sem jeito, sedento de uma palavra esperançada; também querias ser consolado, e eu não tinha consolo para ti. A esperteza também não é o meu forte.

Mas um amor insaciável por ti nunca me abandonou, e agora procuro entre os escombros e nos ares, nos ventos gelados e no sol as palavras para ti que devem me lançar novamente aos teus braços. Pois esmoreço sem ti.

Não sou um tecido, dessa matéria que cobriria tua nudez, sou da fusão de todas as matérias, e quero saltar em teus sentidos e em teu espírito como das veias de ouro na terra, e iluminar e abrilhantar a ti, quando o incêndio negro, tua mortalidade, irromper em ti.

Não sei o que queres de mim. Não me presto ao canto que poderias entoar para ganhares uma batalha. Recuo diante de altares. Não faço intermediações. Todos os teus negócios me deixam fria. Mas tu, não. Somente tu, não.

És meu Um e meu Tudo. Queria ser tanto diante de ti! Queria seguir-te, quando estiveres morto, virar-me para ti, mesmo se me ameaça a petrificação, queria tocar, emocionar às lágrimas os animais [?] restantes e fazer as pedras florescerem, exalar o aroma de cada ramo [?].

Ingeborgs
Claudia Cavalcanti

I

Passei minha juventude na Caríntia, ao sul, na fronteira, num vale com dois nomes — um alemão e outro esloveno. E a casa em que há gerações viviam meus antepassados — austríacos e vindonissos — ainda hoje carrega um nome que soa estranho. Mas perto da fronteira ainda há outra fronteira: a fronteira da língua — e eu, cá como lá, sentia-me em casa, com as histórias dos fantasmas bons e maus de dois e três países; pois, pra lá das montanhas, a uma hora dali, já fica a Itália.

Acho que a estreiteza desse vale e a consciência da fronteira me imprimiram o sonho de viajar. Quando a guerra acabou, fui embora, chegando com muita impaciência e expectativa em Viena, que em minha imaginação fora inalcançável. De novo, um lugar na fronteira, entre leste e oeste, entre um grande passado e um obscuro futuro. E mesmo que, mais tarde, também chegasse em Paris e Londres, Alemanha e Itália, isso pouco sugere, pois em minha lembrança o caminho do vale até Viena sempre permanecerá o mais longo.

"Biografia" é um texto breve, escrito para um programa de rádio.[1] Igualmente breve foi a vida de Ingeborg Bachmann (1926-1973), nascida em Klagenfurt, Áustria, filha mais velha de Olga, do

[1] Todas as citações deste texto se originam de livros indicados nas referências bibliográficas (p. 195). A menos que se mencione outra referência, todos os ensaios, prosa e poesia de Ingeborg Bachmann, aqui traduzidos, estão em *Werke* (Piper, 2010).

norte do país, na fronteira com a Eslováquia, e de Matthias, professor, do sul, na fronteira com a Eslovênia. A família ainda teve Isolde (1928) e Heinz (1939), hoje responsáveis pelo vasto espólio da irmã.

O lugar de fronteiras [*Grenzen*] próximas e as fronteiras da língua, assim como a adesão do pai ao partido nazista, são marcas topográficas e biográficas daquela considerada o grande nome feminino da poesia de língua alemã da segunda metade do século XX. Mas antes que isso tenha acontecido, ela prossegue na infância:

> Às vezes me perguntam como eu, crescida no campo, teria encontrado a literatura. Não sei dizer exatamente; só sei que comecei a escrever na idade em que se leem os *Contos de Grimm*; gostava de ficar no aterro ferroviário mandando meus pensamentos viajarem para cidades e países estrangeiros e para o desconhecido mar, que em alguma parte, com o céu, fecha o círculo da Terra. Meus sonhos sempre foram feitos de mares, areia e navios, mas então veio a guerra, e empurrou o mundo onírico e fantástico para trás do real, no qual não se tem o que sonhar, mas o que decidir.

Não é difícil supor que as atrocidades da Segunda Guerra tenham ocupado um espaço considerável em sua obra, embora à época uma parte da crítica conservadora a definisse, numa operação rudimentar, como escritora de poemas que devolviam beleza à língua e traziam a natureza de volta à "genuína lírica germânica". Por isso percebem-se facilmente, por trás de cada verso, sinais de alguém que viveu seu tempo e se penitenciava por ele — e para quem era impossível escrever, portanto, alheia a esse pertencimento.

Ao selecionar e posfaciar poemas dela nos anos 1960, Klaus Schuhmann vai contra a corrente da época e já percebe que Bachmann não se satisfazia com uma poesia de evocação à natureza sem a conexão humana. "E sempre é dito o que o homem ergue e destrói. Nunca a ocupa apenas a sonoridade da palavra"[2]. Como em "A terra primogênita", idílica às avessas:

> Lá, não floresce o alecrim,
> nenhum pássaro refresca
> seu canto em fontes.
>
> Na minha terra primogênita, no sul
> a víbora saltou sobre mim
> e o horror na luz.

Já em "Todos os dias", o herói tomba, é mortal — uma surpresa causada pelo enjambement, que pega o leitor desavisado na virada da linha:

> A guerra não é mais declarada,
> mas mantida. O inaudito
> tornou-se ordinário. O herói
> fica longe das lutas. O fraco
> é deslocado para as zonas de combate.
> O uniforme do dia é a paciência,
> a condecoração, a pobre estrela
> da esperança sobre o coração.

Para a poeta austríaca, não bastava denunciar os crimes do passado, era preciso expor "os novos assassinos". Aqui, e em grande parte de sua poesia, está o que ela, na autobiografia de duas páginas, chama de "decidir". E ela de fato decidiu. Do primeiro texto publicado, "A cruz de Hondritsch" (1943), ao último, "Três caminhos para o lago" (1972), ambos em prosa, lê-se uma autora que enfrenta o tema — tal qual Walter Benjamin

---

[2] Bachmann, 1966.

em seu conceito de História ("o 'estado de exceção' em que vivemos é a regra") —, posto que, para Bachmann, "nesta sociedade há sempre guerra, não há guerra e paz, só a eterna guerra".[3]

Ao descrever sua breve trajetória, Ingeborg Bachmann já havia começado a cursar filosofia em Innsbruck, para depois continuar os estudos em Graz e Viena, onde também frequentou disciplinas de germanística e psicologia:

> Depois veio muita coisa, como quase não se ousa desejar: universidade, viagens, colaboração para revistas e jornais e depois o trabalho fixo na rádio. Trata-se de estações cotidianas, intercambiáveis e confusas de uma vida; a vida ela mesma não se baseia no que não é palpável.

O caminho desejado e percorrido sempre foi bastante pedregoso. O centro do mundo pós-guerra, cada vez mais fronteiriço; e ela, com ganas de seguir e ir além dos limites impostos pela História. Em 1950, quando defendeu sua tese *A recepção crítica da filosofia existencialista de Martin Heidegger*, a jovem doutora já havia escrito um romance e publicado contos e poemas que a aproximaram da cena vienense e de nomes como Hans Weigel (1908-1991), escritor com quem se relacionou amorosamente, logo ao chegar na cidade, e com Paul Celan (1920-1970), que conhecera em 1948 e a quem permaneceu irremediavelmente ligada, numa simbiose cujo diagnóstico será para sempre complexo; nessa época, suas primeiras peças radiofônicas eram transmitidas, e ela fez a primeira viagem à Itália, ganhando o mundo — ou se perdendo nele.

> Restam ainda as influências e modelos, a atmosfera literária a que se percebe pertencente. Durante alguns anos, li muito; dos poetas mais recentes talvez goste mais de Gide,

[3] Haller, 2004.

Valéry, Eluard e Yeats, e pode ser que tenha aprendido alguma coisa com eles. Mas, no fundo, ainda me domina o rico mundo mítico de meu país, que é um pedaço pouco realizado da Áustria, um mundo onde são faladas muitas línguas e por onde correm muitas fronteiras.

O pequeno texto autobiográfico, aqui quase completo, foi escrito em 1952. Ingeborg Bachmann tinha 26 anos, e no ano seguinte publicaria seu primeiro livro de poemas, tornando-se uma estrela nascente da literatura. Nem ela nem ninguém ainda sabia, mas àquela altura já atravessara mais da metade da vida e, como se já o soubesse, tratava de vivê-la intensamente. Jack Hamesh (1920-1987), soldado inglês de origem austríaca[4] que a conhecera em Viena, lhe escreveu de Tel Aviv em 1947, expondo seu encanto e um alemão titubeante: "Meu caminho leva a você querida Inge e por favor não me escreva mais que ser livre a faz feliz".[5]

Ser livre, viver sem limites e com independência é o que a escritora parece ter planejado para si, sempre tentando abrir clareiras onde tudo eram trevas. Para que isso fosse possível, cuidou de preservar-se, assumindo vários papéis, como se para confundir aqueles a seu redor. Ingeborg Bachmann escreveu prosa, poesia, ensaios, teatro, *libretti*, morou em cidades da Áustria, Itália, Suíça, Alemanha, viajou por breves e longos períodos para outros países, manteve romances fortuitos e duradouros, fascinou homens mais velhos e outros mais novos que ela, alguns deles conhecidos escritores, artistas e políticos, foi loura, morena, bonita e às vezes feia, e nas muitas fotos divulgadas por uma mídia de poderes ainda limitados aparecia tão risonha quanto angustiada e triste. Nas várias versões

---

[4] Não deixa de ser curioso e sintomático que a filha de um simpatizante nazista tenha se relacionado, logo depois da Guerra, com três judeus, consecutiva e/ou simultaneamente: Hamesh, Weigel e Celan.   [5] Böttiger, 2013.

de uma só pessoa, nota-se vaidade: ela está sempre elegante e sem óculos (embora precisasse deles) e, quando lhe era dado sorrir, estampava dentes branquíssimos, motivo de orgulho.

A literatura ajudava-a a encobrir-se, mas também a desvendar seus disfarces. Em 1971, citou um fato que a teria marcado:

> Um determinado momento destruiu minha infância. A invasão das tropas de Hitler em Klagenfurt. Foi algo tão terrível, que minhas primeiras lembranças começam com esse dia: com uma dor precoce demais, numa intensidade como nunca depois iria experimentar. [...] Essa brutalidade monstruosa que podia ser sentida, a gritaria, a cantoria e a marcha — meu primeiro medo da morte. Um exército inteiro chegando em nossa tranquila e pacífica Caríntia.[6]

Um *statement*: a denúncia dos horrores da guerra, seja na sua obra literária ou em entrevistas como essa, para uma revista feminina, já no fim da vida. Naquele 1938, a anexação da Áustria certamente impressionou a menina de onze anos, e deve ter sido mencionada (e percebida) como o emblema de uma infância violentada pela guerra. Mas a descrição exata daquele dia ajuda a entender como Bachmann, a essa altura uma autora tão cultuada quanto discreta, tentava despistar a mídia e a opinião pública, misturando dados históricos concretos a experiências autobiográficas, digamos, simbólicas — já que, de acordo com informações de sua família, ela não estava em Klagenfurt no dia da chegada das tropas nazistas.

Em seus 47 anos de vida, muito e quase nada se soube daquela mulher enigmática que, de tantos papéis assumidos — esse também um *statement* —, acabou por confundir-se nas personas que ela mesma criou. Desde sua morte, muitas peças

---

[6] Böttiger, 2013.

se juntaram, num quebra-cabeça dessa vez mais apurado: textos póstumos foram publicados, e seu acervo aos poucos vai sendo trazido a público — o que favorece, desde 2016, ano de seu nonagésimo aniversário de nascimento, a publicação da obra completa em trinta volumes, com especial atenção para a correspondência ainda inédita e textos inacabados, em edição crítica elaborada em parceria por duas grandes editoras.

Com isso, se antes o enredo urdido dificultava o acesso à pessoa encoberta pela personagem, passou a ser possível perguntar, se não "quem era Ingeborg Bachmann?", pelo menos, afinal, quem foram aquelas Ingeborgs?

II

A capa de 18 de agosto de 1954 da popular revista *Der Spiegel*[7] estampa a poeta de 28 anos. Fato inesperado e mesmo inédito: uma mulher no centro das atenções, sobretudo quando o assunto era poesia, mirando-nos da fachada de uma publicação reconhecidamente conservadora e voltada ao público masculino, além de complacente com crimes em anos não tão distantes.

A escritora surge de cabelos mais curtos, boca destacada pelo batom escuro e pescoço encoberto por uma gola rolê preta que, somados ao semblante circunspecto, evocam o lado mais midiático do existencialismo, em voga naquele tempo. As fotos internas exibem-na ligeiramente menos tensa: estava na Itália, onde já morava e trabalhava como correspondente para a Rádio Bremen e o jornal *Westdeutsche Allgemeine*. Deixando de lado o conteúdo da matéria e a duvidosa chamada "Poemas do gueto alemão", é possível deter-se alguns minutos naquele

---

[7] Para ver a foto e ler a matéria: <http://www.spiegel.de/spiegel/print/d-2895 7234.html>. Acesso em: 21 nov. 2019.

olhar difuso (um pouco pela recusa aos óculos, diz-se) e, ainda assim, não saber o que, de fato, ele queria transmitir.

Trata-se de uma das versões de Ingeborg Bachmann — uma "sensação" no meio literário, pois só assim mereceria destaque numa publicação de tamanha amplitude. E ela era mesmo uma sensação e uma novidade. Publicara um ano antes seu primeiro livro, *O tempo adiado* [*Die gestundete Zeit*], quando também recebeu o prêmio do Gruppe 47, ocasião na qual uma maioria masculina, além da feminina, a admirava com um misto de curiosidade e sentimento de rivalidade.

O polêmico grupo, criado em 1947, sobreviveu por exatas duas décadas e reuniu jovens escritores em torno de questões estritamente literárias (ai de quem arriscasse outros temas). Seus encontros duravam três dias (primeiro duas, mais tarde uma vez por ano), após os quais a vida literária na Alemanha estava suficientemente nutrida de assuntos até a jornada seguinte. Para Helmut Böttiger (2013), o Gruppe 47 "fez da literatura uma fábrica, as reuniões eram uma espécie de estágio sobre recursos retóricos, técnicas modernas de comunicação e a prática da conexão em rede, antes mesmo que esse conceito tivesse sido inventado". As leituras de Ingeborg Bachmann ficaram famosas desde sua primeira participação: quase ninguém a conhecia ou conseguia escutá-la, tão baixa sua voz. A curiosidade foi tamanha que alguém se dispôs a repetir a leitura. Em outras, naqueles encontros e em outros tantos, lia e se emocionava ao mesmo tempo, largando espalhadas pelo chão as folhas já usadas — numa prática semelhante àquilo que mais tarde ficou conhecido como *hapenning*.

No famoso evento — palavra mais adequada àqueles encontros — de Niendorf, em 1952, além da celeuma causada pela leitura de "Fuga da morte" — uma das grandes obras poéticas pós-Holocausto e que a maioria dos presentes não entendeu (ou não fez muita questão de entender) — acolhendo o poema com risos nervosos, Paul Celan, que estava presente graças à intervenção de Bachmann, apresentou "No Egito",[8] dedicado à poeta; já ela começou a recitar "Dizer o obscuro" — cuja intertextualidade secreta (assim como o romance dos dois) se manifestaria não apenas na derivação de "azul" como verbo ("azular", *blauen*), como se lê em "A areia das urnas", mas também no poema "Corona" ("Olhamo-nos/Dizemo-nos o obscuro/Amamo-nos como ópio e memória") —, antes de sua voz sucumbir e ela perder os sentidos.

Muito além de mais uma citação de poemas de Celan, no entanto, "dizer o obscuro" ratifica o tom de lamúria intrínseco ao mito fúnebre de Orfeu e Eurídice em detrimento do que poderia ser entendido, simplesmente, como similaridade entre poesia e música, lírica e lira (o esperado quando o assunto é Orfeu). O poema é um lamento e parte da dualidade entre vida e morte (a cor azul e o obscuro), "lado [*Seite*] da morte" e "corda [*Saite*] da vida", e da expectativa de que "a arte surja somente depois da segunda morte", como escreverá mais tarde. "Dizer o obscuro" está em seu livro de estreia e nesta seleção, assim como "Madeira e lascas" e "Voo noturno", estes últimos lidos no encontro de 1953, ano do prêmio.

Com a publicação de *O tempo adiado*, a poesia de Ingeborg Bachmann passa a atingir um público mais amplo. No conjunto de 24 poemas já se percebe uma dicção poética própria, que explora diversos recursos linguísticos e se apropria de experiências pessoais marcantes, sem expô-las. Também ficaria claro, talvez não para os leitores de primeira hora, mas para aqueles que mais tarde analisariam sua obra, o quanto a leitura ávida de alguns escritores e pensadores (e aqui interessam Ludwig Wittgenstein e Martin Heidegger em particular) está ali refletida, mas nunca grosseiramente transposta. É o caso de

---

[8] A tradução desse poema pode ser lida em Cavalcanti (2016).

"Quase meio-dia"[9] poema tão complexo quanto emblemático pelos ecos do pós-guerra, pelas tantas camadas interpretativas sobrepostas e pela natureza maquiada com o pior rosto germânico: "A tília verdeja em silêncio no verão que se inaugura", uma alusão irônica à conhecida *Volkslied* musicada por Franz Schubert para o ciclo "Viagem de inverno" (1823), "A tília" [*Der Lindenbaum*], cujos versos pairam sobre o poema da austríaca, que em certo ponto dispara:

> Sete anos mais tarde
> lembra-te uma vez mais,
> na fonte do portal,
> não olha fundo demais,
> os olhos passam sobre ti.
>
> Sete anos mais tarde,
> num abatedouro,
> os carrascos de ontem bebem
> toda taça de ouro.
> Os olhos te fariam afundar.

O verso "não olha fundo demais" alerta para a verdade irremediável e o que se revelava a partir dali — a Alemanha transformada em "abatedouro" —, com as lágrimas que inundaram essa constatação ("Os olhos te fariam afundar"), citação quase literal ("Os olhos o fariam afundar") de outro cânone da literatura alemã, o *Fausto* goethiano. "O rei em Thule", canção entoada por Gretchen, fala da morte, assim como o poema de Bachmann, mas de maneira inversa. Se em Goethe a taça dourada oferecida ao moribundo alude à lealdade devotada a ele,

---

[9] No acervo de Ingeborg Bachmann, depositado na Biblioteca Nacional da Áustria, estão as várias versões desse poema, que no início se chamou "Sieben Jahre später" ("Sete anos mais tarde"), depois "Mittagslied" ("Canção do meio-dia") e, finalmente, "Früher Mittag" ("Quase meio-dia").

no poema de Bachmann são os carrascos que "bebem toda taça". As diversas camadas interpretativas também revelam a forte presença de Celan nesse poema (como em todo o livro), entre os tantos diálogos, alusões e referências que articulam a obra dos dois. Em "Cristal", do livro *Papoula e memória* (1952), de Celan, se lê:

> Sete noites acima caminha o vermelho ao vermelho,
> Sete corações abaixo bate a mão à porta,
> Sete rosas mais tarde rumoreja a fonte

A intertextualidade evidente aqui dispensa comentários. Quase no fim do poema, se manifesta a outra face daquele verão em que verdeja a tília:

> Onde a terra da Alemanha enegrece o céu,
> a nuvem busca palavras e enche a cratera com silêncio,
> antes que o verão a perceba na chuva fina.

Sobre tal verdade não há palavras, mas um buraco preenchido com mudez, para usar o termo empregado por Celan no discurso pelo prêmio literário da cidade de Bremen, em 1958:

> Disponível, próxima e imperdida [*unverloren*] restou, em meio às perdas, ela: a língua.[10]/ Ela, a língua, restou imperdida, sim, apesar de tudo. Mas então precisou atravessar suas próprias irrespostas, atravessar essa mudez terrível, atravessar toda a escuridão da fala carregada de morte.

Esse silêncio a que se submete o sujeito em momentos de "escuridão" histórica, e que no quinto dos famosos Seminários

---

[10] A opção por "língua" e não "linguagem" não é definitiva, e exigiria uma digressão sobre a polissemia de *Sprache*.

de Frankfurt (1959-1960), chamado "Literatura como utopia", Ingeborg Bachmann denominou "língua ruim", em contraposição à "língua da utopia", atrai para sua poesia a presença de figuras de linguagem que expõem essa dualidade (ao fim e ao cabo, entre o possível e o impossível, além de outros pares opostos) e transpõem os limites da língua. Ela diz:

> Mas a literatura, que não sabe dizer ela mesma o que é, que só se faz reconhecer como uma transgressão milenar contra a língua ruim — pois a vida tem apenas uma língua ruim —, contrapondo-a por isso a uma utopia da língua, portanto, essa literatura, por mais estreita que se mantenha no tempo e sua [do tempo] língua ruim, deve ser louvada por seu caminhar desesperado até essa língua, e só por isso é uma louvação e uma esperança das pessoas.

A famosa frase de Ludwig Wittgenstein, para quem "os limites [*Grenzen*] de minha língua significam os limites de meu mundo", reverbera na poesia de Bachmann, autora que se aventurou pela obra do filósofo em dois ensaios. Já o texto citado acima faz ver a própria literatura (poesia) como limiar [*Grenze*], um horizonte promissor mas desconhecido, como se lê no trecho citado mais adiante, dos mesmos Seminários.

Palavras como "fronteira", "limite" e "limiar", usadas para delimitar uma experiência e sua transgressão, são vastamente esquadrinhadas por aqueles que se arriscam na obra de Ingeborg Bachmann, e costumam ocupar seus tradutores, confrontados com a polissemia de *Grenze*, figura de linguagem assídua, do heideggeriano *Grund* e suas palavras derivadas, — como se pode perceber na tradução de alguns poemas — e de *Schwelle* — "umbral", "limiar" e "limite". A própria "utopia" (do grego *u-topos*, "não lugar") é uma *Grenz*-categoria, um ponto a ser alcançado logo ali, no horizonte, na transição para o onde inalcançável.

A menina de Klagenfurt mirava as fronteiras que sequer lhe mostravam horizontes, posto que margeadas por montanhas; sonhava com um mundo a ser revelado para lá do desconhecido, e menos de dez anos depois do texto biográfico, a mulher do mundo fala a estudantes em Frankfurt:

> A literatura [...] é um reino de limites desconhecidos, aberto para frente. Nosso desejo faz com que tudo o que já se formou, a partir da língua, ao mesmo tempo tome parte daquilo ainda não pronunciado, e nosso entusiasmo por determinados e esplêndidos textos é na verdade o entusiasmo pela folha branca, não escrita, sobre a qual parece estar registrado o que ainda há a conquistar.

Havia o horizonte, a conquista (pela e com a literatura) — mas, para Bachmann, também o abismo:

> No horizonte pressinto,
> brilhante no ocaso,
> meu fabuloso continente
> lá longe, que me dispensou
> com mortalha.
>
> Vivo e escuto de longe seu canto dos cisnes!

As estrofes de "Dias de branco" expressam o paradoxo dessa poesia: a impossibilidade do eu do lado de cá e a possibilidade do promissor lado de lá ("meu fabuloso continente"), que no entanto não tem vida, carrega uma mortalha. A utopia é a fronteira, o próprio horizonte. Aqui se escuta em Bachmann um Wittgenstein com refinamento poético (que escreveu: "o limite só vai poder ser definido na língua, e o que está para além do limite será simplesmente bobagem"). Vale ainda apelar para Laurent Cassagnau (1995), segundo o qual nesse universo de limites de Ingeborg Bachmann também pode se expressar a experiência amorosa, na sua tentativa paradoxal de ultrapassar fronteiras para o êxtase e ao mesmo tempo permanecer entre os vivos.

Cassagnau cita os poemas VI e VII do ciclo "Canções em fuga" como descrições de superação de um limiar que separa o espaço interno do externo ("janelas", "fundo" [*Grund*], "ancoradouro" etc., também como exemplos desse mesmo universo). Já o ciclo, que indica a transgressão do limite e ao mesmo tempo o abismo para a morte, é assombrado — ou iluminado — pela sua proximidade com Paul Celan:

> Dentro teu busto é um mar
> que me puxa ao fundo.

Outras imagens que remetem à "u-topografia" de Bachmann sobressaem nos poemas, como a da ponte [*Brücke*], ligando aqui e além:

> É melhor viver por conta
> das margens, de uma para outra,
> e durante o dia cuidar
> que o convocado corte a corda.

De volta ao horizonte. Lá está ele, repetido nos versos 3 e 11 da primeira estrofe do poema "O tempo adiado":

> O tempo adiado até nova ordem
> desponta no horizonte.

A complexidade do poema, para além da expectativa ofertada e logo inatingível, começa já pelo título, de difícil interpretação e tradução — *gestundet* é uma construção da poeta em cujo radical está a palavra *Stunde*, "hora". "Le temps en sursis" ["em suspenso"] e "O tempo aprazado", soluções francesa e lusitana, por exemplo, já atestam as interpretações possíveis. Outra é que *Stunde* não deixa de ser uma *Grenz*-categoria da poética de Bachmann. "O tempo adiado", ou seja, de acordo com o que o primeiro verso anuncia e o último relembra, como uma maldição: "Vêm aí dias piores", e vêm para ultrapassar aquele tempo fronteiriço — passado e futuro, efêmero e mensurável — e cair num abismo.

Hans Höller, hoje o maior especialista na obra de Bachmann e também coeditor de sua obra completa, observa que o sucesso do poema não foi apenas fruto da interpretação política possível:

> Leitores com formação filosófica puderam, na imagem do "tempo adiado", que "surge no horizonte", decifrar discretas alusões à passagem de Martin Heidegger sobre "o tempo contado" em Aristóteles em seu *Ser e tempo*: "O próprio tempo se revela como horizonte do ser?". Leitores influenciados pelo surrealismo reconheceram na imagem da amada afundada na areia o inventário imagético surrealista, e o público leitor mais convencional lembrou-se do jovem Rilke na metáfora da "luz da anileira [que] arde pobremente". [E] A crítica soube valorizar essa "evidente variedade de associações" [...].[11]

A amada morta, afundada na areia (cifrada na poesia de Celan como extermínio de judeus, daí seu livro e poema "A areia das urnas"), o cabelo esvoaçante, uma paisagem irreconhecível e o lugar do eu lírico nela, "o outro lado" ("Drüben", poema do primeiro livro dele), para citar apenas essas presenças de Celan, além de um tom reduzido ao elementar — a ponto de o primeiro e o último versos serem idênticos e, ao mesmo tempo, ouvidos de forma tão diferente —, os símbolos supostos ("peixes", para

[11] Höller, 2006.

cristandade; "mortos", para a fé perdida, quem sabe) — não valerão a empreitada de decifrar e talvez até solucionar os enigmas palimpsésticos de um poema escrito "sete anos mais tarde" por uma jovem de 26 anos, a não ser quando lido como um ícone da língua alemã em seu estado de beleza, mesmo com todo o peso negativo imputado pela crítica de primeira hora, que não entendia que, para lá do belo, jazia o peso do mundo. Por isso, o limiar.

Esse limiar também ocupou as reflexões de Ingeborg Bachmann sobre literatura e música, cuja expressão ela considerava "a maior de todas". "Encontramos essa 'relação especial com a música' nos textos do início dos anos 1950 como denominação de uma expressão no limiar da língua, de algo não mais formulável na língua, uma 'melodia', um 'tom', ao qual está submetida uma figura literária", considera Höller, no posfácio à correspondência entre Bachmann e o compositor Hans Werner Henze (1926-2012).

Se mesmo antes de conhecê-lo, em 1952, naquele encontro do Gruppe 47 em Niendorf, ela já considerava a música sua primeira expressão artística, com Henze ela travaria um diálogo profícuo que resultou não só na reflexão, como na produção de *libretti* para composições do jovem alemão, que por sua vez buscava somar à sua música textos literários. "O encontro com Hans Werner Henze tem muita, muita importância para mim, pois só com ele entendi de verdade a música", disse ela em 1973.[12]

Para Bachmann, a expressão musical da língua possibilitava transcender os limites do idioma. "Juntos e com encanto mútuo, música e palavra são um incômodo, uma revolta, um amor, uma confissão. [...] Elas têm a forte intenção de agir", escreve a poeta em "Música e literatura", de 1959. Porém, se nesse texto ela já refutava as ideias aqui comprimidas como "música poética" e "palavra musical", mais tarde não abandonaria essa convicção,

---

12 Haller, 2004.

ao afirmar: "Não existe uma poesia musical, nem existe uma prosa musical. Música é algo completamente diferente".[13]

Henze, de qualquer modo, se sentia intimamente ligado à variante idiomática austríaca (já musicara poemas de Georg Trakl), e se tornou um leitor atento e incentivador da obra de Bachmann — muito mais do que foi Celan. Na primeira carta da vasta correspondência (escrita também em francês, italiano ou inglês, numa espécie de código próprio e íntimo do par), Henze descreve os poemas que lera como "belos e tristes" — fórmula que para ambos resumia o que a literatura e a música podiam conceber, juntas ou separadas. O "belo", como um ideal almejado pelas criações dos dois, na contracorrente daquela contemporaneidade — não à toa vão morar na Itália, sinônimo de beleza sob a ótica alemã, particularmente; e "tristes", posto que retratos e experiência da mesma contemporaneidade. É para Henze que Bachmann escreve as "Canções de uma ilha" — não por acaso "canções", nem por acaso "ilha", numa referência à italiana Ischia, onde ele morou e ela esteve no verão de 1953. E foi para o compositor que ela dedicou "Enigma", poema tardio com várias citações musicais embutidas. A respeito das citações, aliás, uma vez questionada sobre seu valor no romance *Malina*, ela declarou: "Cito frases não porque elas me agradem muito, porque são bonitas ou têm um significado, mas porque de fato despertaram algo em mim. Algo como vida."[14]

O primeiro verso do poema ("Nada mais vai chegar") evoca a si mesma em "O tempo adiado" ("Vêm aí dias piores"), se não se tratasse de um verso das *Altenberglieder* de Alban Berg, como

---

[13] Haller, 2004. Em texto sobre a lógica musical dos poemas de Bachmann, Sigrid Weigel (2003) observa que ali a música está menos presente no ritmo ou na sonoridade (o que faria da tradução uma vilã ainda mais cruel do que já é, de antemão) e mais na composição, "na organização das figuras semânticas moldadas", diminuindo, na sua obra, a distância entre filosofia e poesia, em relação àquela entre poesia e prosa.   [14] Bachmann, 1998.

a poeta indica em nota numa das primeiras versões do poema; e a 2ª Sinfonia de Mahler ("diz a música") despertou-a com o verso do coro infantil: "E não hás de chorar por isso" — alusões que corroboram seu desejo de conectar literatura e música, lembrando que o poema expressa, sem que seja dito, um momento extremo de crise pela qual passava a poeta e da qual nunca sairia.

Foi a Henze que ela apelou, na dramática e reveladora carta de 4 de janeiro de 1963, sugerindo-lhe uma viagem em sua companhia, para fugir do inverno, da crise e da tentativa de ultrapassar o limiar da vida, que ela lhe assegurava não querer repetir: "Mas, por favor, por favor, viaje comigo, e pode ficar certo de que não sentarei ao seu lado com a cabeça encostada no ombro, acompanhando-o como um fardo, uma pedra. [...] não conheço ninguém com quem possa ou poderia desejar fazer isso além de você".[15]

Os dois amigos (que nasceram com apenas uma semana de diferença) tinham muitas afinidades, fortalecidas pelo interesse artístico mútuo. A relação foi além da amizade, mas sem sucesso. Henze, homossexual assumido, chegou a sugerir casamento a Bachmann em duas oportunidades, voltando atrás em ambas. Na primeira vez, ela considerou a proposta e teria ficado magoada com o recuo do compositor, que se desculpou com o seguinte consolo, em 24 de abril de 1954: "[...] um dia, um belo e jovem príncipe chegará, será digno de você e a levará, e sob sua proteção você não estará mais sozinha e terá uma boa vida pela frente", ao que ela respondeu, dias depois: "Não acredito em justiça na vida e em belos príncipes. Há muitos e diversos caminhos para se chegar ao inferno".

Um obstáculo fundamental atrapalhava uma vida a dois — mas Bachmann nunca se satisfez com a normalidade. De seus amores sem futuro, no entanto, aquele foi de longe o mais feliz e o mais leal a ela.

---

[15] Bachmann; Henze, 2013.

III

2017. Ela tem cabelos escuros e curtos novamente e veste blusa e calça comprida despojadas, confortáveis e suficientemente elegantes. Continua fumando muito. Paul Celan está a seu lado e também fuma quase sempre. É tocante vê-los frente a frente, ambos no mesmo tempo e espaço, já que até então o único registro em foto dos dois remonta ao encontro do Gruppe 47 em 1952. Eles leem trechos de cartas trocadas às vezes ávida, outras intermitentemente, a depender do estado de espírito de cada um e, sobretudo, do estado da arte de um relacionamento minuciosamente escaneado desde que, depois da morte dos dois, o mundo literário tomou conhecimento de um segredo tão bem guardado; sobretudo a partir de 2008, com a publicação da correspondência prevista para vir a público depois de 2025, quando estaria permitido o acesso às cartas, de acordo com o espólio de ambos.

Nessa versão da poeta, Ingeborg Bachmann é representada por Anja Platschg (e Celan, por Laurence Rupp), em roteiro de cartas recortadas por Ruth Beckermann, numa síntese de amor e desacerto. O único cenário possível para o filme seria um estúdio despojado e dois microfones, para as duas vozes.

De Paris, Paul escreve a Ingeborg em 20 de agosto de 1949, um ano depois do primeiro registro epistolar:

> Às vezes digo a mim mesmo que meu silêncio talvez seja mais compreensível do que o seu, porque o escuro imposto a mim é mais antigo. [...] Um longo ano passou, um ano em que você certamente lidou com algumas coisas. Mas você não me diz o quão estão distantes nosso maio e junho depois disso. [...] Quão longe ou quão perto você está, Ingeborg? Diga-me para que eu saiba se fecho os olhos, ao beijá-la agora.[16]

---

[16] Bachmann; Celan, 2008.

De Viena, ela logo retruca: "É um belo amor esse que vivo com você, e só porque tenho medo de dizer muito, não direi que é o mais belo". Mas só envia a carta em 24 de novembro de 1949, justificando o silêncio: "Meu silêncio significa acima de tudo que quero preservar aquelas semanas tais como foram; não queria nada além de receber um cartão seu de vez em quando, para confirmar que não sonhei".

O livro *Herzzeit* expõe e o filme *Die Geträumten*[17] condensa a mais desconcertante e arrebatadora relação daqueles que anos depois passariam a ser considerados os principais expoentes da poesia em língua alemã do pós-guerra. Ela, austríaca rodeada de fronteiras e línguas; ele, romeno e errante, falante alemão, apátrida ao conhecê-la.

Livro e filme mostram encontros e descaminhos dos dois amantes, depois amigos, certa vez até inimigos, poetas complementares e concorrentes, ambos vítimas de suas histórias, infelizes quase sempre. As cartas revelam, de 1948, início da correspondência, a 1967, ano do último registro, distanciamentos e aproximações e a recorrência da expressão *"Du weisst ja"* ["Você bem sabe"], como se aquele esconde-e-encontra fosse a regra tácita de um jogo sem vencedores possíveis, e a ausência, uma importante presença.

Nos idos de 1963, Ingeborg pede sinais de vida, e Paul responde: "Escrevo-lhe agora, somente umas linhas, para também lhe pedir algumas linhas". Nessa época, já não é difícil notar o agravamento paulatino de sua condição psíquica precária. Também é perceptível o quanto Ingeborg luta por ele, tentando mantê-lo por perto, ativo na engrenagem do mercado literário, para que não se perdesse de vez no labirinto a que fora submetido. A certa altura, ela escreve (mas não envia) uma carta alertando-o sobre o papel de que ele parecia não querer se livrar:

---

[17] *Die Geträumten*. Dir. de Ruth Beckermann. Grandfilm. Roteiro: Ina Hartwig, Ruth Beckermann. Berlim, 2016. (89 min.), DVD.

o de vítima. Mas não percebe que, no resumo daquela batalha amorosa, a vítima muitas vezes era ela, por vezes submetida ao comportamento doentio — para não dizer tirano — de Celan.[18] Quando finalmente desiste, a própria Ingeborg já às portas do labirinto, ela o perde — e ele a si mesmo — de vista.

Voltando alguns anos, em 1957, o casal se reencontra em Wuppertal, e ele, então, é surpreendido pelo ressurgimento da paixão. É a vez de Paul sufocá-la com cartas, poemas e súplicas. E se antes Celan praticamente a ignorara como poeta, passando ao largo do diálogo que ela tentava empreender pela poesia (que no balanço do tempo se mostrou o único possível), é ele que, depois, implora: "Leia, Ingeborg, leia", juntando às cartas poemas dedicados a ela. E como se não bastasse escrever o presente, ele volta ao poema que abre a correspondência e reconhece: "Pense em 'No Egito'. Quanto mais leio, mais a vejo surgir nesse poema".

Se em "No Egito" ela é a "estrangeira" de "cabelo de nuvem",[19] em contraposição às Ruths, Miriams e Noemis, vítimas do Holocausto, em Munique ele lhe entrega novo exemplar de *Papoula*

---

[18] Casado desde 1952, apenas anos depois Celan revela sua relação com Ingeborg Bachmann à mulher, Gisèle Lestrange, que passa a ler e mesmo a traduzir poemas da austríaca e escreve em seu diário, em 1958: "Ontem li até tarde da noite poemas de Ingeborg. Eles me abalaram. Chorei. Que destino terrível. Ela o amou tanto e sofreu tanto. Como pôde ser tão cruel com ela? Agora estou mais próxima dela, aceito que a veja novamente, estou apaziguada. Você é devedor dela, pobre moça, de silêncio digno e corajoso durante seis anos" (Böttiger, 2017).   [19] Como em "Fuga sobre a Morte" ("Teus cabelos de ouro, Margarete/Teus cabelos de cinza, Sulamita", Celan, 2009), na imagem do cabelo (e do cacho/mecha) nos poemas dele, como observa Weigel (2003), "pode ser lida a história da Shoah. O poema de Bachmann 'O tempo adiado' sabe dessa história e mesmo assim não aceita que o cabelo da amada seja enterrado na areia e que 'ela' seja silenciada". Ainda sobre "No Egito", é de admirar ou duvidar ter sido acolhido como poema de amor; e em sendo um, de se perguntar, afinal, por meio de qual modelo erótico Celan queria conquistar a mulher por quem estava apaixonado.

e memória — onde constam, manuscritas em 23 poemas, as dedicatórias "f.D." (*für Dich*, "para você").

Como em outras cartas pós-reencontro, uma delas tem o poema "Colônia, Am Hof", referência à cidade e ao hotel-cenário na noite do reencontro:

> Tempo do coração, lá estão
> os Sonhados para
> as cifras da meia-noite.
>
> Algo falou silêncio adentro, algo calou,
> algo tomou seu rumo.
> Banido e Perdida
> estavam em casa. [...][20]

"Tempo do coração" (*Herzzeit*, daí o livro) como tempo de amantes, só deles; "Sonhados" (*Geträumte*, daí o filme) como realização do desejo; e "cifras da meia-noite", 12 e 0, tudo e nada, sempre e nunca. "Banido e Perdida" (*Verbannt und Verloren*), um e outra, reencontrados.

Em "Três caminhos até o lago", a última prosa, de 1972, é possível reconhecê-los em Elisabeth Matrei e Franz Joseph Trotta, na descrição daquele "grande amor há mais de duas décadas",

> o mais inconcebível, ao mesmo tempo o mais difícil, sobrecarregado de mal-entendidos, disputas, palavras entrecortadas, desconfiança, mas pelo menos ele a marcara, não no sentido usual, não porque a fizera mulher [...], mas porque ele a levou à consciência de muitas coisas, por conta de

---

[20] *Herzzeit, es stehn/ die Geträumten für/ die Mitternachtsziffer.// Einiges sprach in die Stille, einiges schwieg,/ einiges ging seinen Weg./ Verbannt und Verloren/ waren daheim.* [...] (Beckermann, 2016).

sua origem, ele, um verdadeiro exilado e perdido, ela, uma aventureira [...] transformada numa exilada, porque ele, só depois de sua morte, devagar a levou consigo para o declínio, alienando-a dos milagres e lhe fazendo reconhecer o estrangeiro como destino.

Dois anos antes, Paul Celan, cinquenta anos incompletos, se atirara no Sena, em meio a mais uma das crises com rompantes de agressividade, alucinações e depressão profunda. Ao receber a notícia de sua morte, em 1970, ela escrevia *Malina*, seu único romance publicado em vida. Nele, enxertou então "Os segredos da princesa de Kagran", lenda em que cita vários versos de Celan. Escolhidos a dedo, Bachmann os extraiu de poemas codificados com "f.D.", como se ali ela se apropriasse de uma vez por todas da única coisa que ele poderia ter-lhe oferecido. E não por acaso, a história da princesa começa com "Era uma vez" e termina com "Eu bem sei, eu sei!".

Já no segundo capítulo, numa cena de sonho em que "barracas", "remoção" e outras palavras remetem ao Holocausto, se lê o impacto da morte do amado: "Minha vida acabou, pois no transporte [outra dessas palavras] ele se afogou no rio, e era minha vida. Eu o amei mais que a minha vida". Como num bônus às cartas, Ingeborg Bachmann, aliás Anja Platschg, sussurra esse trecho para si mesma, quase inaudivelmente, com toda a verdade de 100 mil decibéis ali contida. As últimas palavras do romance, que deixam subentendida a tragédia da vida de Paul Celan, também poderiam ser um grito sussurrado: "Foi assassinato".

O reencontro de consequências inesperadas do outono de 1957 em Wuppertal — que prosseguiu em Colônia, em cartas e poemas, e em Munique — tem seu ponto-final em 2 de julho de 1958, quando se viram pessoalmente em Paris. No dia seguinte, Ingeborg Bachmann e o escritor suíço Max Frisch (1911-1991) começam um relacionamento.

IV

ROMA NON RISPONDE, não posso acreditar que não a encontre durante uma noite inteira, nem durante o dia, ROMA NON RISPONDE, imagino vários motivos, e sou indiferente a todos eles; e o que me exaure: o telefone toca, até que chega a voz: ROMA NON RISPONDE. Pego uma coberta, já que acabo adormecendo diante do telefone, e programo o despertador para poder telefonar de hora em hora. [...] Será que ela não recebeu minhas cartas? ROMA NON RISPONDE, ROMA NON RISPONDE.

Escrita pelo próprio Max Frisch em *Montauk*, a cena reproduz também a fatídica impossibilidade dos escritores como casal. Ingeborg, mulher cheia de mistérios e vontades, àquela época já exercitando uma autonomia com características próprias — que mais tarde ela irá enfatizar em entrevistas, juntando-se às vozes feministas ainda desbravadoras naqueles anos — essa Ingeborg até se esforçou, mas não havia nascido para ser esposa e viver à sombra de um marido, sobretudo sendo ele escritor e, além disso, um ciumento patológico, algo que Frisch não negava: "Sou um louco e sei disso. A liberdade dela faz parte de seu brilho".

Naqueles anos, ela já se dedicava quase somente à prosa, mas cabe voltar ao segundo e último livro de poemas, *Invocação da Ursa Maior*, de 1956, no qual o amor, ou a linguagem do amor, é mais notado e assíduo, não como expressão de disposições claramente pessoais, mas como fórmula linguística transformada em poesia. Afinal, o "amor é uma obra de arte", disse ela uma vez.

São as figuras retóricas, alegorias e metáforas ali presentes, e até mesmo a organização de *Invocação*, que colocam "Explica-me, Amor", por exemplo, no centro da segunda das três partes do livro. A começar pelo título, uma exortação com duplo sentido — já que o verbo *erklären* pode significar "explicar", mas também "declarar" (*Liebeserklärung*, "declaração de amor") — que induz necessariamente a uma escolha, dentre tantas, na tradução. Mas o título é dúbio também porque, além de romper com a ideia de apelo à declaração de amor — não é "declara-me amor", mas "explica-me, Amor" —, a vírgula pode ser entendida como um substituto do artigo: "explica-me [o] amor". Ou se pode supor o amor como sujeito, entidade com vida e nome próprios; daí Amor (na língua de partida, cujos substantivos sempre começam com letra maiúscula, isso já está dado: *Liebe*).

O título, repetido como refrão com ponto de exclamação adicional, na sétima estrofe dá lugar ao inesperado e belo verso "uma pedra sabe amolecer outra", referência ao mito de Orfeu, a que Bachmann recorreu algumas vezes, como já se viu e ainda se lerá adiante, e de forma ainda mais velada no poema XV de "Canções em fuga"— "a canção sobre o pó depois/ nos ultrapassará" —, posto que em diálogo com um dos *Sonetos a Orfeu*, de Rainer M. Rilke, que diz, ao contrário: "Somente a canção sobre a terra/ santifica e celebra".

E se uma pedra amolece outra, depreende-se daí o amor como possibilidade, mas o eu lírico logo pergunta sobre a incompatibilidade entre os estados racional e amoroso:

> deveria eu lidar com o breve assombroso tempo
> só em pensamento e nada
> conhecer do amor e nada fazer com amor?

para em seguida fazer outro apelo: "Não me expliques nada". E como "nada", quando se trata de Ingeborg Bachmann, pode querer dizer até mesmo "tudo", o leitor não encontra resposta, mas um horizonte ainda mais distante, "adiado".

> [...] Vejo a salamandra
> mover-se pelo fogo.
> Nenhum assombro vai capturá-la, e nada lhe causa dor.

Recomendação da poeta: arder de amor sem sentir dor. Bachmann, que lia os clássicos latinos e italianos no tempo diretamente anterior à publicação do livro, epigrafa as "Canções em fuga" com Petrarca: "Dura é a lei do Amor!".

Com o fim do relacionamento imposto por Max Frisch, em 1962, embora ele morasse em Roma e ela em Zurique, desencadeia-se uma crise que Bachmann tentou mascarar com o consumo cada vez mais excessivo de álcool e remédios. Com poucos arrefecimentos, essa crise a acompanhou pelos anos seguintes, até sua morte em Roma, em 17 de outubro de 1973, dias depois de sofrer graves queimaduras decorrentes, como é quase certo, de um cigarro que ela não apagou. Ingeborg Bachmann podia ser muitas, mas não uma salamandra — ela não percebeu o fogo se alastrando pela camisola de tecido sintético, dominada que estava pelo torpor causado pelos medicamentos dos quais era dependente.

"Se minha infelicidade fosse somente *Herr* F., isso seria suportável. Mas ela vai além",[21] escreveu ao médico, referindo-se a Frisch. Mas a separação tornou-se ainda mais traumática quando ela deparou com detalhes da vida a dois e observações a seu respeito, anotados secretamente por ele em um diário e depois publicados em 1964 em *Meu nome é Gantenbein*, deixando-a exposta e enfurecida. No romance de Frisch, ela é Lila, sobre a qual diz o narrador: "A única certeza sobre Lila: assim como a imagino, ela não existe; um dia ainda vou, quem sabe, ver Lila de fora". Se por um lado ela mal havia sido percebida como poeta (e mesmo mulher) por Paul Celan durante vários anos, seu outro grande amor admirava-a a ponto de torná-la subsídio (objeto) para sua escrita e personagem.

Os anos seguintes à separação, que ela qualificou em carta a Henze como a "maior derrota de minha vida", foram também os das várias internações em Zurique e Berlim, para onde se

---

[21] Bachmann, 2017.

mudou em 1963 e onde viveria até o fim de 1965 (quando se transferiu definitivamente para Roma) com uma bolsa da Ford Foundation. Foi em Roma que ela iniciou o projeto *Todesarten* [Tipos de morte], ciclo de romances dos quais apenas *Malina*, best-seller em 1971, foi finalizado. Afinada com os tempos agitados em que vivia, Bachmann esteve envolvida com questões políticas prementes, tanto aquelas relativas à Alemanha pós-guerra, quanto as da guerra em curso no Vietnã, e da Guerra Fria.

Se houve alguma trégua no estado de fragilidade psíquica em que se encontrava, ela foi proporcionada pelo jovem Adolf Opel (1935-), que a procurou em janeiro de 1964 como seu admirador. Houve também entrega, pois dez dias depois Bachmann partia com ele para a primeira das duas viagens a Praga e, na primavera do mesmo ano, ao Egito e Sudão. Embora longe de ser considerada uma relação amorosa (tratavam-se pelo modo formal *Sie*), dificultada pela homossexualidade dele, talvez tenha sido ao lado de Opel que ela viveu os menos piores momentos de seus derradeiros dez anos de vida.

As viagens a Praga, se não foram sinônimo de regozijo — já que, segundo relato dele, ela se trancava no quarto enquanto ele flanava pela cidade —, assim como a viagem à África, a fizeram retomar a escrita: são dessa época contundentes poemas, as tentativas em prosa e o famoso discurso, em outubro do mesmo ano, para receber em Darmstadt o Prêmio Georg Büchner, que tem o polissêmico título "Um lugar de suscetibilidades", tradução muito livre para *Ein Ort für Zufälle*.

A palavra *Zufall*, hoje entendida como "acaso", no século XIX era empregada tecnicamente como sinônimo de *Anfall*, "alucinação", "ataque", e usada por Büchner para caracterizar o estado delirante do protagonista de *Lenz*, sua novela publicada postumamente em 1839. Bachmann retoma o termo e o utiliza sub-repticiamente, sem autorreferência explícita, para traçar paralelos entre o estado de uma cidade ainda em ruínas e o seu, não menos lastimável, que no texto ela diz serem "consequência de imagens variáveis de uma doença, que por sua vez provocam doença". Berlim tinha sua cicatriz em forma de muro [*Grenze!*], *topos* delimitado não apenas pelo paredão recém-imposto, mas, por Bachmann, pela perigosa fronteira entre lucidez e delírio, a partir do "não lugar de um quarto de clínica, no qual os doentes são submetidos ao ruído da cidade e seus corpos, infestados pela loucura coletiva", segundo as organizadoras de *"Male Oscuro"*, livro composto de cartas, anotações de sonhos e outros textos da época da doença.

Em 1972, depois de sete anos sem qualquer contato por carta, Max Frisch escreve a Ingeborg Bachmann pedindo-lhe a escolha de cinco poemas seus para serem publicados na estadunidense *Partisan Review*, contanto que incluísse "BÖHMEN LIEGT AM MEER" (ele escreve assim, em caixa alta), do qual só ouvira falar. Ela então lhe responde com os poemas listados,

1. Todos os dias
2. Enigma
3. Uma espécie de perda
4. Vocês, palavras
5. A Boêmia fica na beira do mar,

e o pedido de que essa ordem cronológica[22] fosse respeitada na impressão, "para que ela mostre um caminho, pois 'Boêmia' é meu último poema, e desde então não escrevo mais nenhum".[23]

Seja qual for o critério escolhido por ela, pode-se supor uma lógica própria (inclusive com mensagens cifradas a Frisch) que não distinguia nos poemas o cunho político daquele estritamente pessoal. O poema de 1952 começa com:

---

[22] Embora Ingeborg Bachmann mencione uma "ordem cronológica" a ser seguida, os anos de criação indicados aqui obedecem aos da edição de sua obra (ver nota 1).
[23] Höller; Larcati, 2016.

> A guerra não é mais declarada,
> mas mantida [...]

o segundo, de 1966-1967, cujo primeiro verso é:

> Nada mais vai chegar

o terceiro, de 1967, que termina, não por acaso, com:

> Não foste tu que perdi,
> mas o mundo

o penúltimo, de 1961, começa com:

> Vocês, palavras, levantem, sigam-me!,
> e quando já tivermos ido mais longe,
> longe demais, iremos ainda
> mais longe, isso não tem fim

e o último, de 1964, com sua primeira estrofe:

> Se por aqui casas são verdes, ainda adentro uma casa.
> Se aqui as pontes estão inteiras, sigo por um bom motivo.
> Se o esforço do amor está para sempre perdido, que seja
>   [vão aqui.

Em entrevista à cineasta Gerda Haller, meses antes de morrer, Ingeborg Bachmann falou longamente sobre esse que ela dizia ter sido seu último poema, "porque com ele tudo está dito", considerando-o um "presente" (como se não o houvesse escrito ela mesma) e "o único poema que gosto de ler, pois se dirige às pessoas que têm esperança na sua terra".[24]

---

[24] Haller, 2004.

"A Boêmia fica na beira do mar" é um dos pontos altos da obra de Bachmann e ao mesmo tempo seu testamento poético. Nele há referências implícitas aos principais nomes que a influenciaram, num quase manifesto que reúne os elementos líricos, políticos, filosóficos e biográficos, os quais ela era mestre em conciliar. É como se toda sua escrita poética se resumisse a uma busca incessante por uma língua "imperdida", uma busca que só chegaria ao fim com "Boêmia". Talvez por isso insistisse em denominá-lo "último poema" — sem seguir uma cronologia de fato, mas deixando subentender que os poemas anteriores a "Boêmia", e mesmo os posteriores, poderiam, graças a ele, ser esquecidos.

Muito já se escreveu e conjecturou sobre esse poema que, "presente", só pode ter lhe custado muito caro, tantas são as versões preservadas e o suor dispendido, como atesta a edição com todas as suas etapas de criação, cuidadosamente analisadas por Hans Höller.[25] Aqui, vale ressaltar tão somente alguns conceitos do vocabulário de Bachmann presente no poema, também um "presente" para quem quer traduzi-lo, nos dois sentidos: como privilégio e como esforço sem garantias.

O poema reúne a intricada rede de referências e figuras de linguagem que caracteriza a poesia de Ingeborg Bachmann, com topografia e gestos poéticos e o inconfundível acervo linguístico e intelectual da poeta. "A Boêmia fica na beira do mar" é notadamente um título que remete não apenas às viagens a Praga (curiosamente, o topônimo em tcheco, *Praha*, significa "limiar"), mas também a Shakespeare, que Bachmann lia por conta dos quatrocentos anos do dramaturgo comemorados naquele ano. Para a data, ela havia sido convidada — e recusado — a escrever um poema. Em *O conto do inverno* há uma passagem que cita o desembarque de um navio na Boêmia. Outra comédia de Shakespeare, *Trabalhos de amor perdidos*, está

---

[25] No livro *Letzte, unveröffentlichte Gedichte* (Bachmann, 1998).

implícita no terceiro verso, cuja tradução intentou preservar "perdido", em detrimento do melhor "[esforço] vão". "Ilírios, veroneses/ e venezianos" são todos oriundos de outras comédias shakespearianas, assim como se nota a alusão àquela *dos erros* quando se lê: "E errem cem vezes,/ como errei".

Além do dramaturgo inglês, que talvez não tenha existido (assim como a Boêmia não faz fronteira com o mar), é possível ler nas várias camadas de interpretação as presenças de Wittgenstein, Heidegger e Celan. Em outubro de 1963, portanto pouco antes da primeira viagem de Bachmann a Praga, Celan publicara *A Rosa-de-Ninguém*, e nele o poema "Tudo é diferente":

como se chama teu país,
atrás da montanha, atrás do ano?
Sei como se chama.
Como o conto de inverno, assim ele se chama,
se chama como o conto de verão [...]²⁶

e mais adiante: "que teu pensamento levou a Praga,/ ao túmulo, aos túmulos, à vida". Em "Boêmia", o verso "No fundo agora sei, e estou imperdido" representa uma cesura formal no poema (na primeira parte, quase só com alexandrinos no original) e uma "mudança de ar", para usar uma palavra de Celan, instado ao diálogo poético também nesse verso 12, e não apenas no discurso de 1958, em Bremen ("Disponível, próxima e imperdida restou, em meio às perdas, ela: a língua"). *Unverloren*, "imperdido", palavra frequente nos dois poetas, mas nada comum, é um signo de salvação pós-destruição, um horizonte a ser vislumbrado. "Perdida" era como a chamava Celan (Perdita era também uma personagem de *O conto de inverno*), que também escreveu "Tarde com circo e cidadela" para o mesmo livro de 1963:

---

26 "*wie heisst es, dein Land/ hinterm Berg, hinterm Jahr?/ Ich weiss, wie es heisst./ Wie das Wintermärchen, so heisst es,/ es heisst wie das Sommermärchen/*[...]".

Em Brest, os anéis em chamas
na tenda, por onde tigres pulam,
te ouvi, Finitude, e cantas,
e te avistei ali, Mandelstamm.

O céu sobre o ancoradouro,
a gaivota sobre a grua.
O Finito cantava, imorredouro, —
tu, canhoneira: "Baobá".

Saudei o pendão colorido
com uma palavra do Ural —
Perdido foi Imperdido,
o coração, firme afinal.[27]

Em Celan (mas também em Bachmann), lado a lado, "Perdido" e "Imperdido" (que não é a mesma coisa que "não perdido", *nicht verloren*) sugerem o caminho à língua redentora, como Celan em 1959 já anunciava em "Stretto":

Mas
ainda há templos. Uma
estrela
ainda tem luz.
Nada,
nada está perdido[28]

---

27 "*Nachmittag mit Zirkus und Zitadelle: In Brest, vor den Flammenringen,/ im Zelt, wo der Tiger sprang,/ da hört ich dich, Endlichkeit, singen,/ da sah ich dich, Mandelstamm.// Der Himmel hing über der Reede,/ die Möwe hing über dem Kran./ Das Endliche sang, das Stete, —/ Du Kanonenboot, heisst 'Baobab'.// Ich grüsste die Trikolore/ Mit einem russischen Wort —/ Verloren war Unverloren,/ das Herz ein befestigter Ort.*"   **28** Celan, 2009, p. 85.

que ela cita no final de seu segundo Seminário de Frankfurt e ainda afirma: "Mas de repente, por conta da rígida limitação, tornou-se novamente possível dizer algo, muito direta e claramente, [...] pedindo-lhes que entendam bem a palavra 'estrela', porque estrelas em Paul Celan são 'obra humana'".

Não apenas "imperdido", mas figuras de linguagem como "pontes" [*Brücken*], "casa" [*Haus*] e "mar" [*Meer*], além das complexas e de difícil tradução *Grenze* (e suas derivações) e *Grund* (e sua polissemia), constroem a poética de Bachmann nesse poema, e interessam aqui pelas soluções possíveis na língua de chegada.

> Se aqui as pontes estão inteiras, sigo por um bom motivo
> [*Grund*].
> [...]
> Se sou, então cada um é tanto quanto eu.
> Não quero nada mais para mim. Quero ir ao fundo
> [*zugrunde gehen*].
>
> Ao fundo [*Zugrund*] — quer dizer, ao mar, é lá que reencontro
> [a Boêmia.
> Indo ao fundo [*Zugrund gerichtet*], desperto tranquilamente.
> No fundo [*Von Grund auf*] agora sei, e estou imperdido.

Como leitora e estudiosa de Martin Heidegger, Bachmann não emprega a palavra *Grund*[29] aqui (e em outros poemas) por acaso. Trata-se de um conceito com o qual ela vai lidar mais profundamente em *Malina*. Primeiro, expressa-se um "bom

---

[29] *Grund*. Entre as acepções em dicionários alemães, estão: 1. superfície terrestre, solo, propriedade; 2. solo aquático, superfície mais profunda de um recipiente; 3. superfície uniforme que compõe o fundo [*Hintergrund*], a base [*Untergrund*] de algo; 4. circunstância, situação, causa, motivo e similares, pelos quais alguém se sente movido a fazer determinada coisa, ou que explica um acontecimento ou outra situação; motivação [*Beweggrund*].

motivo" para atravessar as pontes e, de lá, "ir ao fundo", em sentido duplo: "ir até o fundo" (do mar) e "ir a fundo" (nas coisas), o que está mais ou menos explícito nos dois versos seguintes, quando então se torna legítima a constatação: "No fundo [também em duplo sentido!] agora sei, estou imperdido".

Foi e ainda é enorme a ressonância de "Boêmia" ao longo dos anos e das interpretações possíveis, para não falar da recepção por outros artistas, como Thomas Larcher, na sua composição de 2008-2009, *A Boêmia fica na beira do mar: Enigma para barítono, clarinete, violino, violoncelo e piano*; ou pelo artista plástico Anselm Kiefer, com a enorme tela *A Boêmia fica na beira do mar — para Ingeborg Bachmann*, de 1996. Sobre o poema, ele disse, em 2008, ao receber um prêmio: "Acredito nessa imagem de Ingeborg Bachmann mais do que em mapas e na geografia", e "na fronteira em especial [...] entre arte e vida", sem a qual "não há arte".[30] No entanto, a referência que mais impressiona vem de 1986, ano de publicação do romance *Extinção: Um declínio*, de Thomas Bernhard, do qual ela teve conhecimento. Sobre Bachmann ele escreveu, em 1978, ter sido ela "a mais inteligente e importante poeta que nosso país produziu neste século".[31] Em *Extinção*, Bernhard a incorporou na poeta Maria, mais uma versão de Bachmann. O protagonista, que vive em Roma como sua amiga poeta, trava com ela um debate sobre a escrita, alegoria de uma conversa nunca havida entre Bernhard e Bachmann. Sobre Maria, o protagonista Franz-Josef Murau discorre, em retrospecto a uma conversa entre os dois:

> [...] eu havia me encontrado com ela para falar de seus poemas, sobretudo do chamado *boêmio*, que nesse meio tempo se tornou mundialmente conhecido e sem dúvida é um dos melhores e ao mesmo tempo mais bonitos poemas de nossa literatura. Naquele tempo, disse a Maria, *agora, com*

[30] Höller; Larcati, 2016. [31] Hoell, 1999.

esse poema, você escreveu o mais bonito e o melhor poema que uma poeta jamais terá escrito em nossa língua, e isso nunca foi pensado como um elogio, eu dizia a verdade, e o resto do mundo já sabia. Sempre gostei dos poemas de Maria, porque são tão austríacos, mas ao mesmo tempo do mundo todo e tão impregnados do ambiente desse mundo como nunca outros foram. E porque quem os escreveu foi a poeta mais inteligente que um dia tivemos, incluindo todas as outras na história. Totalmente antissentimentais, pensei agora, são os poemas de Maria, completamente diferentes dos poemas dos outros que não tratam de outra coisa que da sentimentalidade austríaca, eles são tão selvagens e indomáveis, os poemas de Maria são *antissentimentais e claros* e têm o valor dos poemas goetheanos e exatamente daqueles poemas de Goethe que eu mais valorizo. Maria precisou ir para Roma para poder escrever esses poemas, disse a mim mesmo, sentado na poltrona [...].

V

Na vida como ela levou, em 1954, a estrangeira levanta-se para atender os *carabinieri* à sua porta, na Piazza de la Quercia, 1, Roma VII. Ela não entende bem o que dizem — um pouco pelo sono, outro tanto pelo italiano ligeiro. Mas concorda que é grande o barulho na movimentada praça onde mora, tanto que nem com as janelas fechadas consegue trabalhar durante o dia. A polícia diz, contudo, que eles estão ali por conta de outro ruído causado por ela mesma, nas madrugadas romanas, quando tamborila freneticamente a máquina de escrever. A vizinha da frente havia formalizado uma reclamação. Ela argumenta que as ideias só lhe vêm àquela hora da noite. "Mas em que diabos a *signorina* trabalha à noite?" Ela traz uma folha de papel datilografada na língua nativa, ao que os policiais concluem: "Ah, é poeta!". Ela ainda não havia fechado a porta quando os ouve comentar: "Poemas tão curtos para tanto barulho!".[32]

Na vida como ela é, sejam curtos ou longos os poemas, sua tradução exige, para repetir Ingeborg Bachmann, sobretudo decisões. São decisões de outra ordem, algumas já mencionadas ao longo deste texto, que não se referem apenas às camadas interpretativas e às citações implícitas que fazem da poesia de Bachmann "um reino de limites desconhecidos", segundo suas próprias palavras.

Antes de mais nada, como selecionar poemas de uma grande autora com apenas dois livros e outros esparsamente publicados? De que poemas se pode prescindir da soma de uma obra enxuta, mas significativa? O mais plausível é dizer: de nenhum. Mas, nos quarenta poemas aqui reunidos, é possível traçar um panorama poético dessa obra, sacrificando, por exemplo, os títulos que sofreriam mais na transição de uma a outra língua — imperdida, espera-se; e priorizando outros que se prestam à compreensão da obra toda. E o que fazer com métrica e rimas rígidas, mais frequentes no primeiro livro? Como levar em conta as aliterações e ao mesmo tempo preservar o sentido do poema? Como enfrentar a polissemia de algumas palavras num poema e também presentes em vários outros, mas deixar claro que se trata de uma figura de linguagem recorrente e, por isso, importante?

A opção pela edição bilíngue responde a algumas questões. E para todas elas também há outra resposta: cada palavra é uma palavra, e o tempo ajuda a maturá-la para que seja aproveitada ou não. Mesmo sendo a tradutora uma só, ela procurou engendrar-se de forma diferente em cada poema e palavra e esconder-se tanto quanto possível, rendendo-se à dimensão dessa poesia singular, dialógica e solitária a um só tempo, sintetizada justamente pela busca do lugar da língua e da linguagem, do dizível

---

[32] De acordo com relato do escritor Uwe Johnson em *Uma viagem a Klagenfurt*, reproduzido em Stoll (2013).

e do não dizível, com uma História de estarrecimentos como pano de fundo.

"Nada se move, apenas esse aplauso fatal", disse Bachmann. Essa inconformidade inata, que por fim não coube nela, transborda igualmente em sua poesia, na busca por uma palavra, um verso, uma estrofe. Disso não é possível esconder-se. Em "Reclame", ela escreve:

> Wohin aber gehen wir
> *ohne sorge sei ohne sorge*
> wenn es dunkel und wenn es kalt wird
> *sei ohne sorge*

Como repetir a sonoridade de *ohne Sorge*? Dizendo em inglês — aliás, a língua da propaganda (do reclame) por natureza:

> Mas para onde iremos
> *don't worry, don't worry*
> quando escurecer e quando esfriar
> *don't worry*

E como reproduzir, em "Dizer o obscuro", a polifonia de *Saite* e *Seite*? Reconhecendo essa impossibilidade:

> Assim como Orfeu, toco
> a morte nas cordas [*Saiten*] da vida
> [...]
> Mas assim como Orfeu conheço
> a vida ao lado [*Seite*] da morte,

Orfeu, mito da música e da poesia a quem ela recorreu algumas vezes, retorna com muita clareza no fragmento escolhido para fechar esta seleção:

[...] Não me presto ao canto que poderias entoar para ganhares uma batalha. Recuo diante de altares. Não faço intermediações. [...]

Inacabada, a prosa poética, que no entanto se chama "O poema ao leitor", tem data desconhecida. Considerada uma despedida da poesia e, ao mesmo tempo, uma declaração de amor a ela, Ingeborg Bachmann pode tê-la escrito após 1956, quando decidiu dedicar-se à prosa; ou em 1959, como exercício para os Seminários de Frankfurt; ou mais provavelmente em 1960-1961, ao receber o Prêmio Georg Büchner, em diálogo com o discurso "Meridiano", de Paul Celan, no qual ele fala do poema, "desesperado", que se dirige a um oposto, a um Outro — o Outro, para ela, a prosa. Naqueles anos, os dois voltavam a dialogar pela via da literatura (Bachmann, cada vez mais, pela prosa). Note-se a alusão a "Corona" ("Está na hora da pedra começar a florescer"), mais uma vez, nas últimas linhas do texto, assim como, novamente, o recurso ao mito de Orfeu, na mesma passagem:

[...] Queria seguir-te, quando estiveres morto, virar-me para ti, mesmo se me ameaça a petrificação, queria tocar, emocionar às lágrimas os animais [?][33] restantes e fazer as pedras florescerem, exalar o aroma de cada ramo [?].

Na "cena da virada ['voltar-me para ti'], [...] essa figura está situada numa topografia mítica ambígua, fazendo coincidir o desejo de amor com o limiar de morte e vida", observa Sigrid Weigel.[34] A linguagem do amor, na poesia de Bachmann, tem sempre essa "virada" para o passado e ao mesmo tempo para o nunca havido — lembrança e pavor.

---

33 A marcação [?], do original, refere-se a dúvidas quanto à caligrafia da autora.
34 Weigel, 2003.

O início do fragmento também é uma cena "órfica", mas a "virada" dessa vez é para si mesmo:

> [...] Se me olho no espelho e pergunto, então me olho invertido, uma escrita solitária e nem mesmo me compreendo mais. [...]

Em 1960, ao se despedir da poesia, a batalha de Ingeborg Bachmann pela língua imperdida já estava ganha, mas longe de acabar. A poesia parece ter sido uma escolha de quem dispensa facilidades, alguém em cuja breve "Biografia", no trecho que faltava incluir, ela afirma: "Escrever poemas parece ser o mais difícil, porque neles os problemas de forma, tema e vocabulário devem ser solucionados juntos, obedecem ao ritmo do tempo, e ainda assim devem ordenar a riqueza das coisas antigas e novas em nós, onde moram passado, presente e futuro".

Naqueles tempos em que, para lembrar Adorno, tudo era poeticamente indizível numa língua condenada pela memória recente, a poesia foi a maneira que Bachmann encontrou para manter vivo esse passado, enfrentar o presente ("tempo arrogante") e legar ao futuro uma língua afinal reconciliada com as fronteiras que lhe cabem e os horizontes que a vigiam. Na forma de (mais um) apelo, lê-se, em "Prólogo e epílogo":

> Palavra, sê nossa,
> tolerante, clara, bela.
> É certo que deve ter um fim
> a desconfiança.

No fim, há (mais uma) síntese de sua escrita, "Salva-me, palavra minha!", e seu modo sem subterfúgios e muito direto de usar a língua para que ela soe comum e familiar e para trazê-la de volta à vida, torná-la inexorável, "sustentável", como em "De verdade":

Tornar sustentável uma única frase,
resistir no assombro de palavras.

Esta frase não escreve aquele
que não a assina.

Contradições insolúveis são a matéria básica da poesia de Ingeborg Bachmann, em que o eu lírico se vê "diante do espelho de gelo", como em "Dias de branco", e busca a palavra, quer derretê-lo. Essas contradições se manifestam em versos que, ao mesmo tempo, não pertencem a determinada escola literária, mas volta e meia remetem a outros autores; parecem livres, embora nada neles sobre; esperançosos, ainda que céticos; e, nitidamente, são versos com energia sensual e intelectual que se dirige ao outro — são versos fronteiriços. Em seu texto "A verdade deve ser afrontada pelo homem" (1959), ela afirma inexistir uma vida sem sociedade, daí a premência de testarmos uns aos outros e ao mundo. E explica: "Dentro das fronteiras, no entanto, dirigimos o olhar à perfeição, ao impossível, inalcançável, seja no âmbito do amor, da liberdade ou de toda dimensão pura. No contraste do impossível com o possível, alargamos nossas possibilidades".

Este posfácio, como tantos outros textos sobre Ingeborg Bachmann, também sucumbiu à tentação de entrelaçar obra e vida de uma autora que, apesar de todo esforço empreendido para driblar o interesse público, há décadas atiça a curiosidade dos leitores. Sua facilidade em lidar com a mídia, usando os disfarces que achava por bem; seu trânsito notório e íntimo com personalidades variadas; e, mais tarde, o vasto material documental à disposição proporcionaram à sua obra (na poesia e sobretudo na prosa) uma interpretação por vezes redutora.

"Os dados sobre a pessoa são sempre os que menos têm a ver com a pessoa",[35] disse ela, numa entrevista de 1971, para

---

[35] Weigel, 2003.

justificar sua resistência a esse tipo de interlocução. Com 26 anos, ao escrever "Biografia", ela correspondera ao modelo requisitado pelos entrevistadores. Parágrafo por parágrafo, escreveu sobre (1) a juventude na Caríntia, (2) o encontro com a literatura, (3) o início da vida adulta e as primeiras publicações, (4) as influências literárias e, por fim, (5) a escolha da poesia. Bachmann, que em *Malina* desconstrói o gênero autobiográfico, constrói com certa ironia e com "mentiras perdoáveis,[36] no pequeno texto, o que todos querem ouvir ou ler. Soube, no entanto, manter uma postura dúbia em relação à esfera pública, da qual precisava, como todo escritor, para ter a obra reconhecida: ora investia sua figura no mercado literário, ora pagava o preço do recolhimento e da consequente solidão.

"Para mim, é como se eu devesse sair em busca de mim mesma. Nenhum sucesso me ajuda a atravessar o infortúnio de manter-me 'na vida pública'", escreveu Hannah Arendt, com quem Bachmann chegou a manter relação cordial — fato que demonstra que não apenas homens, sobretudo os mais conhecidos Celan e Frisch, além dos principais estudiosos de sua obra, inscreveram seus nomes na biografia da escritora. Foram suas amigas até o fim da vida, por exemplo, as editoras Christine Koschel e Inge von Weidenbaum e a assistente Maria Teofili, a quem ela telefonou ao se perceber tomada pelo fogo. Após sua morte, quando então foram publicados os fragmentos dos romances *O caso Franza* e *Réquiem para Fanny Goldmann*, além da reedição de *Malina*, Bachmann ressurgiu como representante da novíssima literatura feminina — outra de suas facetas, em consonância com as tantas manifestações pelos direitos das mulheres.

---

[36] Aqui ela assume o exagero ao se referir às influências literárias, mencionando "Éluard, Apollinaire e Eliot, [pois] naquele tempo esses nomes em Viena eram, de acordo com a tábula rasa, exclusivos de uma ignorância geral". Weigel, 2003, citando um fragmento do espólio, *Tentativa de uma autobiografia*.

De forma estranha, mas coerente, ela nunca reunia os amigos nem falava a uns sobre outros, tática extremada para mantê-los apartados de fatos específicos de sua vida, exclusivos de uns, mas não de outros. Ocorre que, ao morrer de maneira trágica, precoce e inesperada, ela legou desorganizados e misturados seus escritos publicáveis e interditos, literários e íntimos, deixando aos herdeiros, editores, estudiosos e amigos, todos juntos, por fim, a decisão, não sem discórdia, do que seria público ou privado após sua morte.

Coubesse a Ingeborg Bachmann tal decisão, ela diria, firme como em "Sem delicadezas",

Minha parte, que se perca.

Referências bibliográficas

Bibliografia básica

BACHMANN, Ingeborg. *Gedichte: Eine Auswahl*. Posf. de Klaus Schuhmann. Berlim; Weimar: Aufbau, 1966.
_____. *Letzte, unveröffentlichte Gedichte*. 2. ed. Ed. e comentários de Hans Höller. Frankfurt: Suhrkamp, 1998.
_____. *"Male Oscuro": Aufzeichnungen aus der Zeit der Krankheit*. Pref. de Hans Höller. Org. de Isolde Schiffermühler e Gabriella Melloni. Munique; Berlim; Zurique: Piper; Suhrkamp, 2017.
_____. *O tempo aprazado: Poemas (1953-1967)*. Sel., trad. e intr. de João Barrento e Judite Berkemeier. Lisboa: Assírio e Alvim, 1992.
_____. *Toute Personne qui tombe a des ailes: Poèmes 1942-1967*. Intr. e trad. de Françoise Rétif. Paris: Gallimard, 2017.
_____. *Últimos poemas*. Trad. e pref. de Cecilia Dreymüller e Concha García. Madri: Hipérion, 1995.
_____. *Werke: 4 Bände*. 2. ed. Org. de Christine Koschel, Inge von Weidenbaum e Clemens Münster. Munique; Zurique: Piper, 2010.
_____; HENZE, Hans Werner. *Briefe einer Freundschaft*. Org. de Hans Höller. Munique: Piper, 2013.
_____; CELAN, Paul. *Herzzeit: Briefwechsel*. Frankfurt: Suhrkamp, 2008.

Bibliografia citada

ARENDT, Hannah; BLÜCHER, Heinrich. *Briefe 1936-1968*. Munique: Piper, 1996.
BENJAMIN, Walter. *Gesammelte Schriften*. v. 1-2. Frankfurt: Suhrkamp, 1980.
BERNHARD, Thomas. *Auslöschung: Ein Zerfall*. Berlim: Volk und Welt, 1989.
BÖTTIGER, Helmut. *Die Gruppe 47: Als die Deutsche Literatur Geschichte schrieb*. 3. ed. Munique: DVA, 2013.
_____. *Ingeborg Bachmann*. Berlim; Munique: Deutscher Kunstverlag, 2013.
_____. *Wir sagen uns Dunkles: Die Liebesgeschichte zwischen Ingeborg Bachmann und Paul Celan*. Munique: DVA, 2017.
CAVALCANTI, Claudia. "Ingeborg Bachmann: decisão pela palavra", 2016. Disponível em: <http://qorpus.paginas.ufsc.br/como-e/edicao-n-020/

ingeborg-bachmann-decisao-pela-palavra-claudia-cavalcanti>. Acesso em: 29 out. 2019.

CASSAGNAU, Laurent. "'Am Horizont... glanzvoll im Untergang'. Horizont--Struktur uns Allegorie in der Lyrik von Ingeborg Bachmann". *TEXT+KRITIK: Zeitschrift für Literatur: Ingeborg Bachmann*. Munique: Text + Kritik, v. XI, n. 6, pp. 40-58, 1995.

CELAN, Paul. *Ausgewählte Gedichte*. Posf. de Beda Allemann. Frankfurt: Suhrkamp, 1968.

_____. *Cristal*. 2. ed. Sel. e trad. de Claudia Cavalcanti. São Paulo: Iluminuras, 2009.

_____. *Die Niemandsrose. Gedichte*. 2. ed. Berlim: Volk und Welt, 1987.

FRISCH, Max. *Mein Name sei Gantenbein*. Frankfurt: Suhrkamp Taschenbuch, 1998.

_____. *Montauk*. Frankfurt: Suhrkamp, 1975.

GOETHE, J. W. von. *Faust I/II – Urfaust*. 8. ed. Berlim; Weimar: Aufbau, 1986.

HALLER, Gerda. *Ingeborg Bachmann: Ein Tag wird kommen*. Posf. de Hans Höller. Salzburgo; Viena: Jung und Jung, 2004.

HOELL, Joachim; LUEHRS-KAISER, Kai (Orgs.). *Thomas Bernhard: Traditionen und Trabanten*. Würzburg: Königshausen & Neumann, 1999.

HÖLLER, Hans. *Ingeborg Bachmann*. 4. ed. Hamburgo: Rowohlt Taschenbuch, 2006.

_____; LARCATI, Arturo. *Ingeborg Bachmanns Winterreise nach Prag*. Berlim; Munique: Piper, 2016.

RILKE, Rainer Maria. *Werke in sechs Bänden*. Frankfurt: Insel, 1986.

STOLL, Andrea. *Ingeborg Bachmann: Der dunkle Glanz der Freiheit*. Munique: C. Bertelsmann, 2013.

WEIGEL, Sigrid. *Ingeborg Bachmann: Hinterlassenschaften unter Wahrung des Briefgeheimnisses*. Munique: Deutscher Taschenbuch, 2003.

WITTGENSTEIN, Ludwig. *Tractatus Logico-Philosophicus*. Londres: Kegan Paul, Trench, Turner, 1922.

Agradecimentos

Este livro seria outro não fosse a Fundação Robert Bosch, na Alemanha. Foi com o incentivo dessa instituição, na forma de passagens, hospedagens e bolsas, que passei, primeiramente, algumas semanas de 2008 na Casa de Tradutores Looren, na Suíça, fazendo a primeira de muitas revisões da primeira das várias seleções dos poemas de Ingeborg Bachmann.

Depois, em 2013, para o Literarisches Colloquium Berlin, para a oficina Vice-Versa de tradutores brasileiros e alemães, levei cinco poemas da seleção então vigente, cuja tradução deveria ter sido discutida pelo grupo de doze colegas. Ao longo de algumas horas, só conseguimos debater sobre "O tempo adiado". Agradeço muito a todos pelo estímulo, conscientes do tamanho do desafio. Não importa que a versão do poema apresentada aqui não seja nem de longe a que ocupou toda uma manhã de outubro. Eu não teria chegado à última versão sem nossas tentativas conjuntas.

Mais recentemente, em 2018, por meio do Toledo-Mobilitätsfond, novo programa da Fundação, estive em Viena para a finalização deste livro. Graças a essa estada, conheci o acervo de Ingeborg Bachmann na Biblioteca Nacional da Áustria, dirigido por Michael Hansel com a colaboração de Andrea Hipfinger. Além dos contatos prévios, por escrito, com os herdeiros e irmãos dela, Isolde Moser e Heinz Bachmann, ciosos do legado da escritora e cheios de expectativa por esta edição brasileira, foi em Viena que conheci Heinz pessoalmente. Agradeço não apenas a ele pela confiança depositada em mim, mas a ela, Ingeborg, pelo amigo conquistado.

Parece muito tempo, e foi. Comecei a traduzir os poemas de Ingeborg Bachman ainda em 1999. Nesses quase vinte anos, minha filha mais velha cresceu, estudou e já saiu de casa. A caçula é ainda mais nova do que as primeiras traduções e dividiu com a poeta, sem saber, um espaço em mim. Antes disso, ainda no tempo da faculdade em Leipzig, foi meu mentor Klaus Schuhmann quem me apresentou os poetas expressionistas, Celan e tantos outros, mas também Bachmann, de quem ele organizara uma edição com a primeira publicação em livro de "A Boêmia fica na beira do mar", ainda em 1966, além de ter escrito ensaios sobre ela.

A tradução dos poemas deste livro foi feita com e de intermitências, sempre acompanhada da dúvida das editoras em publicá-los, diante de um mercado editorial em crise crônica, como o brasileiro. Agradeço ao editor Leandro Sarmatz, que ressuscitou em mim a vontade de rever e publicar os poemas.

Por fim, mas em primeiro lugar, meu agradecimento a Arthur Nestrovski pela leitura sempre criteriosa e inspiradora, e minha dedicação sem *Grenzen*, como retribuição amorosa por tudo o que temos vivido a dois, a seis (com nossas filhas), ou às vezes a três, com Ingeborg Bachmann.

Índice de títulos e primeiros versos

A
A Boêmia fica na beira do mar, 134
A guerra não é mais declarada, 21
A terra primogênita, 72
A tília verdeja em silêncio no verão que se inaugura, 17
Abaixo de um céu desconhecido, 85
As pontes, 24
Assim como Orfeu, toco, 11
Atrás da parede, 108

B
Bandeiras úmidas pendem dos mastros, 67

C
Canções de uma ilha, 76
Canções em fuga, 88
Curriculum Vitae, 44

D
De uso comum: estações do ano, livros e certa música, 141
De verdade, 132
Depois desse dilúvio, 122
Depois desse dilúvio, 123
Desde aquela noite, 139
Dias de branco, 60
Dito para a noite, 110
Dizer o obscuro, 10
Do átrio celestial dos mortos recentes surge o sol, 23

E
Enigma, 142
Exílio, 120
Explica-me, Amor, 56

F
Façam silêncio comigo, como todos os sinos silenciam!, 31
Frutos de sombra tombam dos muros, 77

H
Haja o que houver: o mundo devastado, 41
Hôtel de la Paix, 118

I
Imagem de Roma à noite, 86
Invocação da Ursa Maior, 38

L
Longa é a noite, 45

M
Madeira e lascas, 12
Mas para onde iremos, 65
Mensagem, 22
Meu pássaro, 40
Minhas dúvidas, amargas e insatisfeitas, 111

N
Nada mais me agrada, 145
Nada mais vai chegar, 143
Não prescrevam a essa espécie uma crença, 117
Não quero falar das vespas, 13
Não vem de nossa boca, 69
Nestes dias levanto-me com as bétulas, 61
No inverno minha amada fica, 53
Nosso campo é o céu, 27

O
O fardo de rosas desmorona silente das paredes, 119
O galho se quebra na neve, 89
O poema ao leitor — Fragmento, 150
O que nos distanciou? Se me olho no espelho e pergunto, 151
O tempo adiado, 8
O vento estica ainda mais a corda diante das pontes, 25
Os portos estavam abertos. Embarcamos, 113

P
Para minha terra primogênita, para o sul, 73
Pendo como neve dos galhos, 109
Porto morto, 66
Praga janeiro 64, 138
Prólogo e epílogo, 68

Q
Quando o balanço eleva, 87
Quase meio-dia, 16
Quem nunca se abateu pela palavra, 133

R
Reclame, 64

S
Salmo, 30
Se por aqui casas são verdes, ainda adentro uma casa, 135
Seja lá aonde formos sob a tempestade de rosas, 35
Sem delicadezas, 144
Sob a tempestade de rosas, 34
Sombras rosas sombras, 84
Sou um morto que caminha, 121

T
Terra nebulosa, 52
Teu chapéu esvoaça um pouco, saúda, balança ao vento, 57
Todos os dias, 20

U
Uma espécie de perda, 140
Ursa Maior, desce, noite de lã, 39

V
Vá, pensamento, 124
Vá, pensamento, enquanto uma palavra clara pronta para o voo, 125
Vêm aí dias piores, 9
Vocês, palavras, 126
Vocês, palavras, levantem, sigam-me!, 127
Voo noturno, 26

*A tradutora teve o apoio de TOLEDO, programa da Fundação
Robert Bosch, e do Fundo Alemão para Tradutores, na
forma de uma estada para pesquisa em Viena.*

SÄMTLICHE GEDICHTE, Ingeborg Bachmann
© Piper Verlag GmbH, Munique/Berlim, 1978, 1983
© *seleção, tradução e posfácio*, Claudia Cavalcanti, 2020

Todos os direitos desta edição reservados à Todavia.

Grafia atualizada segundo o Acordo Ortográfico da Língua Portuguesa de 1990, que entrou em vigor no Brasil em 2009.

capa
Violaine Cadinot
imagem de capa
Spring Lichen, 2016/2017, de Michelle Morin
preparação
Julia de Souza
revisão
Eloah Pina
Huendel Viana

1ª reimpressão, 2021

Dados Internacionais de Catalogação na Publicação (CIP)

Bachmann, Ingeborg (1926-1973)
 O tempo adiado e outros poemas / Ingeborg Bachmann ; seleção, tradução e posfácio Claudia Cavalcanti. — 1. ed. — São Paulo : Todavia, 2020.

ISBN 978-65-80309-85-6

1. Literatura alemã. 2. Poesia. I. Cavalcanti, Claudia. II. Título.

CDD 831.9

Índice para catálogo sistemático:
1. Literatura alemã : Poesia 831.9

Bruna Heller — Bibliotecária — CRB 10/2348

todavia
Rua Luís Anhaia, 44
05433.020 São Paulo SP
T. 55 11. 3094 0500
www.todavialivros.com.br

fonte
Register*
papel
Pólen soft 80 g/m²
impressão
Geográfica